DIE DEUTSCHE FINANZWIRRNIS

TATSACHEN UND AUSWEGE

VON

DR. ARND JESSEN

Springer-Verlag Berlin Heidelberg GmbH
1924

ISBN 978-3-642-89906-5 ISBN 978-3-642-91763-9 (eBook)
DOI: 10.1007/978-3-642-91763-9

VORWORT.

Der erste schwere Schritt ist getan: die deutsche Währung ist stabilisiert. Es gilt, den zweiten zu tun und die deutsche Finanzwirrnis zu lösen. Gelingt es uns nicht, zwischen Einnahmen und Ausgaben in Reich, Ländern und Gemeinden wieder ein gesundes Gleichgewicht herzustellen, dann war die gegenwärtige Währungsreform nur der Übergang von der zentralistischen Inflation mit Papiermark zur dezentralisierten Inflation mit zahllosen Notgeldsorten.

Eine schwere Zeit liegt hinter uns. Wir müssen aus ihr lernen. Darum gilt es zunächst, die Fehler der Vergangenheit zu erkennen, um sie unter allen Umständen in der dunklen Zukunft zu vermeiden (Abschnitt I).

Verwirrt sind die Finanzverhältnisse der Gegenwart. Die alte, klare Scheidung der Einnahme- wie Ausgabewirtschaft von Reich, Ländern und Gemeinden wurde durchbrochen. Im zweiten Abschnitt werden wir versuchen, die heutige Reichsfinanzverwaltung und ihre Verbindung mit Ländern und Gemeinden zu überblicken (Abschnitt II).

Schwere Jahre liegen vor uns. Noch herrscht überall das Defizit. Feste und klare Haushaltspläne müssen aufgestellt werden: der Staatsaufwand eines armen Volkes wird der Steuerkraft anzupassen sein. Noch schwieriger wird es sein, nach diesen Plänen zu arbeiten (Abschnitt III: Der Richtetat).

Die Reform der deutschen Finanzen ist keine interne Verwaltungsangelegenheit. Die Reichsverwaltung, 23 Länder, viele tausend Gemeinden und mehrere Millionen Deutscher, die in öffentlichen Diensten stehen, sind an ihr beteiligt; schließlich trifft sie jeden Steuerzahler. Der Verfasser hofft, durch freundschaftlichen und erfahrenen Rat gefördert, zur Klärung dieser noch ungelösten, schwierigen Probleme beizutragen.

INHALTSVERZEICHNIS.

Für die deutsche Finanzwirtschaft der Jahre 1914 bis 1922 gab der Verfasser in einer früheren Arbeit (»Finanzen, Defizit und Notenpresse 1914 bis 1922«, Verlag von Julius Springer, Berlin 1923, im folgenden kurz »Finanzen« genannt) einige Unterlagen, auf die gelegentlich wird hinzuweisen sein.

A. J.

I. Die Papiermarkwirtschaft.

1. Der Papieretat.

»Der Bankerott war nun einmal gekommen, wie das Ende aller großen Täuschungen notwendig einmal kommen mußte. Doch wie leise, in wie sanften Ergießungen fielen die Assignaten hernieder; nicht wie eine alles zerstörende Lawine, sondern wie sanfte Schauer eines kaum fühlbaren Schneetreibens; Schauer auf Schauer, bis wirklich alles begraben und doch nur wenig zerstört war, was nicht ersetzt, entbehrt werden konnte. So weit hat es die moderne Staatskunst gebracht«, so schrieb Carlyle vor bald hundert Jahren über die Finanzwirtschaft der Französischen Revolution.

Auch bei uns sanken die Schauer neuer Geldscheine hernieder. In der privaten wie in der öffentlichen Finanzwirtschaft schwollen die Zahlen. Der Scheingewinn, das papierne »Mehr gegen das Vorjahr« legten einen freundlichen Schleier über die wachsende Armut. Heute erkennen wir sie.

Ein Etat soll aber kein Mittel zur Volksberuhigung sein, sondern ein fester Marschplan für die Finanzverwaltung. Dazu muß er ein klares Bild der tatsächlichen Finanzlage geben.

Die deutschen Papieretats wurden von Jahr zu Jahr unbrauchbarer. Man versuchte sie auf den Teuerungsstand bestimmter Stichtage abzustellen. Womit aber sollte man Papierziffern prüfend vergleichen? Die der vorjährigen Etats galten für eine andere Währung, für eine wertvollere Mark. Auch die Abrechnungen vergangener Jahre versagten. Sie zählten zwar die damaligen, in sich wiederum verschiedenen Markbeträge rechnerisch richtig zusammen. Vergleichen aber ließen sich solche Papiersummen nicht.

Damals waren mehr oder minder zufällige Färbungen nur zu leicht möglich. In einigen Fällen hätte die Finanzverwaltung »Frisuren« vielleicht erkennen können, in anderen fehlten jegliche Anhaltspunkte. Dafür nur zwei offensichtliche Beispiele: Um ihre Ausgaben etatsmäßig zu decken, wollte die Reichspost nach dem Etat in 1922 einen Betrag vereinnahmen, der nur hätte aufgebracht werden können, wenn jeder Deutsche zum Posttarif der Etatsaufstellung 6,4mal soviel Briefe schrieb wie in 1913. Auch die Reichseisenbahn hoffte, daß jeder Deutsche zu den Tarifsätzen der Etatsaufstellung viermal soviel reisen würde wie vor dem Kriege.

2. Die Fondskontrolle.

Die im Etat bewilligten Mittel werden vom Finanzminister in einem internen Kassenetat zwischen den beteiligten Stellen aufgeteilt und den für sie zuständigen Kassen überwiesen. Was aber nützt ein Etat, wenn die Ausgaben nicht im Rahmen der für jeden einzelnen Zweck eingestellten Mittel bleiben? Darum gilt überall als erster haushaltsrechtlicher Grundsatz: Der auf einem bestimmten Titel bewilligte Betrag darf nicht überschritten werden, es sei denn, der Finanzminister habe ausdrücklich zugestimmt und die Mittel dafür angewiesen.

Überschreitungen kamen auch früher vor, denn ein Voranschlag ist nur ein Wunschgebilde, dem die Wirklichkeit sich nicht immer fügt. Darum bestimmt ein weiterer haushaltsrechtlicher Satz: Überschreitungen wie auch unvorhergesehene, außerplanmäßige Ausgaben sind den gesetzgebenden Körperschaften zur nachträglichen Genehmigung vorzulegen; erst wenn diese erteilt ist, gilt der Finanzminister als entlastet.

Diese Fondskontrolle wurde durch das Zusammenschrumpfen der Mark immer schwieriger. In den Abrechnungen erschienen überall größere Beträge, als der Etat bewilligte. Hatte man aus den Fonds mehr Aufgaben erfüllt, als ursprünglich beabsichtigt und genehmigt war? Oder handelte es sich nur um eine rein rechnerische »Überschreitung«, die in der Geldentwertung ihren Grund hatte? Fragen, die sich von Jahr zu Jahr mehr in den Vordergrund schoben, wenn den Parlamenten Rechnungsergebnisse vorgelegt wurden.

Im Jahre 1922 stieg die Teuerung vom Stichtag des preußischen Voranschlages (1. September 1921) bis zum Durchschnitt des Etatsjahres auf das 52fache. In der Abrechnung für 1922 werden daher alle Fonds als »überschritten« erscheinen, auf denen mehr als der Papierbetrag des Etats, nach dem Goldwert also $^1/_{52}$ gleich 2 vH. des Ansatzes, ausgegeben ist.

Auch der Versuch, einen einheitlichen Überschreitungsfaktor festzulegen, der automatisch als genehmigt gilt, konnte nur so weit zum Ziele führen, als sich die Ausgaben in ihrem Goldwert ganz gleichmäßig über das ganze Jahr verteilen; die Abrechnung kann aber nicht angeben, ob die als papierene Summe erscheinenden Ausgaben im einzelnen zu Anfang oder zu Ende des Jahres geleistet wurden. Im Etatsjahr 1922 z. B. stieg die Teuerung von dem 50fachen des Friedens im April 1922 auf das 3000fache im März 1923: der gleiche Papierbetrag der Abrechnung, der zu Beginn des Jahres verausgabt war, hatte den 60fachen Goldwert einer Ausgabe am Jahresschluß.

Auch das Gesamtbild einer Verwaltung konnte durch Papierzahlen verzerrt werden. Die preußische Forstverwaltung wird in der papiernen Abrechnung für 1922 wahrscheinlich einen Zuschuß erfordern. Rechnet man dagegen Einnahmen wie Ausgaben monatlich in Gold um, so betragen die Ausgaben nur etwa 50 vH. der Roheinnahmen. Im Frühjahr hat die Forstverwaltung ihre Haupteinnahmen, und diese erscheinen aus technischen Gründen (Forstwirtschaftsjahr und Etatsjahr überschneiden sich) erst im Etat des Folgejahres als Einnahmen des April; 1922 waren diese Einnahmen in Gold viel größer als die Ausgaben vorm Jahresschluß, die in Papiermark die Forstverwaltung zu einer Zuschußverwaltung machten.

Wurden die auf den einzelnen Fonds verausgabten Papierzahlen zusammengezogen, so lag darin eine gewisse Kassenkontrolle, denn Kasse und Ausgaben mußten übereinstimmen. Eine Fondskontrolle aber gab es nicht mehr.

3. Die Kontrolle bei sächlichen Fonds.

Um die Ausgaben wenigstens einigermaßen in der Hand zu behalten, konnte die Finanzverwaltung versuchen, sich gegen unkontrollierbare Überschreitungen dadurch zu schützen, daß sie monatliche Überschreitungsfaktoren herausgab, mit denen die Haushaltungsansätze vervielfacht werden durften. Aber auch dieser Versuch, der sich vornehmlich auf die sächlichen Fonds erstreckte, mußte fehlschlagen.

Wir geben ein theoretisches Beispiel. Der Etat möge für einen Fonds 100 000 Papiermark bewilligt haben oder, bei 100-facher Teuerung, 1000 Goldmark. Wir nehmen weiter an, daß die Teuerung vom Stichmonat des Voranschlags bis zum Beginn des Etatsjahres (April) auf 2000 oder das 20fache stieg, wie es in 1922 annähernd der Fall war. Sie möge sich weiter von Monat zu Monat fast verdoppelt haben. Nun konnte die Finanzverwaltung für jeden Monat einen Überschreitungsmultiplikator herausgeben, z. B. jeweils die Hälfte der tatsächlichen Teuerungszunahme bewilligen. Viel weiter durfte sie auch in späteren Monaten kaum zurückbleiben, da einzelne Fonds erst zu bestimmten Zeiten benutzt werden können. Der Ansatz des Etats durfte nunmehr mit dem Multiplikator vervielfacht und die Ausgaben der Vormonate vom Ergebnis nominell abgezogen werden. Der für den betreffenden Monat zulässige Betrag ist in seinem Papier- wie Goldwert aus der nachstehenden Tabelle zu ersehen:

	Teuerung 1913 = 1	Multiplikator: Stichmonat = 1	Multiplikator: ½ der Teuerungszunahme	Zulässige Ausgabe (Etat 100 000 P.M.): Summe	Zulässige Ausgabe: nach Abzug der bisherigen Ausgaben Papier-M.	Zulässige Ausgabe: nach Abzug der bisherigen Ausgaben Goldmark
April	2 000	20	10	1 000 000	1 000 000	500
Mai	4 000	40	20	2 000 000	1 000 000	250
Juni	8 000	80	40	4 000 000	2 000 000	250
Juli	14 000	140	70	7 000 000	3 000 000	210
August . . .	30 000	300	150	15 000 000	8 000 000	270
					Zusammen	1480 G.M.

Es zeigt sich also, daß bei der angenommenen scharfen Teuerungssteigerung der ursprünglich bewilligte Fonds (100 000 P.M. = 1000 G. M.) bereits in fünf Monaten erheblich überschritten werden konnte, trotzdem formell einwandfrei gearbeitet worden war.

Bei einem Papieretat hängt die Finanzverwaltung gänzlich von dem guten Willen der Ressorts ab. Zweifellos siegt in vielen Fällen das Pflichtgefühl, und die Ausgaben werden eingeschränkt. Wie aber, wenn die Rücksicht auf die Not der Staatsfinanzen, die so manchem vielleicht nicht viel mehr als ein hohler Schall ist, vom Ressortpatriotismus überwuchert wird? Schließlich mußte es auch den Treuesten erbittern und schwankend machen, wenn andere für ihre Verwaltung alle Mittel heranzogen, deren sie durch Vorschüsse und Multiplikatoren habhaft werden konnten, während er sich zu seinem Schaden zurückhielt. So begann das Nachdenken über den besten »Dreh«, die Fonds zu überschreiten.

Es fiel nicht allzu schwer, ihn zu finden. Man forderte Vorschüsse an, gleichviel ob man sie als »Betriebsmittelverstärkung« oder anders bezeichnete; sie wurden dann später in Papiermark abgerechnet und »abgedeckt«. Von diesen »erledigten« Vorschüssen erfährt keine Oberrechnungskammer, da sie gar nicht in der Abrechnung erscheinen. Hätte sich z. B. eine finanziell schlecht stehende Betriebsverwaltung am Jahresbeginn ihren voraussichtlichen Fehlbetrag nach dem Goldwert vorschießen lassen und dafür Kohle oder ähnliches angeschafft, so konnte sie den Vorschuß als Papierbetrag am Jahresschluß »abdecken«; nach den Papierzahlen der Abrechnung ergäbe sie vielleicht einen Überschuß.

Immer weniger waren die Kassen imstande, für die einzelnen Zwecke gesondert anzufordern. Darum gingen schließlich fast sämtliche Ausgaben zunächst als Vorschüsse hinaus, bis die Provinzialkassen ihre Verwendung meldeten, so daß sie vom Vorschußkonto abgebucht werden konnte. Wie sollte die Finanzverwaltung hier den Überblick behalten?

4. Die Kontrolle persönlicher Fonds.

Persönliche Fonds (Besoldungen, Ruhe- und Wartegelder, Witwen- und Waisengelder, Unterstützungen, Notstandsbeihilfen usw.) brauchten vor dem Kriege kaum überschritten zu werden, da die Anzahl der Geldempfänger bekannt und ihre Bezüge gesetzlich geregelt waren. Auch bei Besoldungsreformen — es handelte sich damals noch um tatsächliche und nicht nur nominelle Erhöhungen — war der Mehrbedarf unschwer abzuschätzen.

In den letzten Jahren aber jagten sich Besoldungsgesetze mit neuen Gehaltssätzen. Nicht die Finanzlage, die allen Teilen als »dauernd schlecht« bekannt war, sondern politische Machtverhältnisse entschieden über die Erhöhungen. Die Kontrolle der Fonds konnte daher nur noch darin bestehen, die ausgezahlten Beträge aufzusummen und das papierne »Mehr infolge Besoldungserhöhungen« festzustellen.

Durch die Bedeutung der Zahlungstermine brachen alle Besoldungsgesetze zusammen. Zwischen dem Realgehalt der im voraus und der nachträglich bezahlten Staatsdiener bestanden Unterschiede, denn die gleichen Papierbesoldungen hatten, an verschiedenen Tagen bezahlt, völlig verschiedene Kaufkraft. Aber auch zwischen den Beamten verschiedener Behörden waren Unterschiede möglich, indem die eine, vielleicht dem Drucke ihrer Beamtenvertretung nachgebend, einen oder zwei Tage früher zahlte, als der von anderen innegehaltene Zahlungstermin sein sollte. Vollends geschädigt wurden durch die späte Auszahlung die politisch machtlosen Pensionäre. Waren schon die gesetzlichen Besoldungssätze durch Machtverhältnisse bestimmt, so stuften sich die Realbezüge weiterhin in entscheidender Weise danach ab, ob der Empfänger rechtzeitige Zahlung erzwingen konnte oder ob er hilflos warten mußte.

Wir ermittelten in Tabelle 1[1]) für eine größere Reihe von Gruppen die auf Grund der Besoldungsgesetze auszuzahlenden Bezüge und rechneten sie zum zweiten Tage nach Erlaß der Anweisung um, trotzdem sie auf Grund von Kreistelegrammen, Presseangaben usw. oft schon am gleichen Tage gezahlt worden sein dürften. Vergleichende Stichproben ergaben, daß die so errechneten Bezüge mit tatsächlich gezahlten übereinstimmten. Zur Umrechnung in Indexmark wurde nicht die Dollargoldmark gewählt, die bis zum November erheblich über der inneren Teuerung lag, sondern der Lebenshaltungsindex des Statistischen Reichsamtes; denn die Beamten hatten ihre Ausgaben nicht auf dem amerikanischen, sondern auf dem innerdeutschen Markt zu leisten, und die Schlußsummen an Indexmarkbezügen zeigen am deutlichsten, wie die Gehälter im Vergleich zum teuerungsspiegelnden Index, der den Besoldungen theoretisch zugrunde gelegt wurde, gestiegen waren.

So ergibt sich, daß der monatlich vorausbezahlte Beamte (Gruppe X) den Staat nur 73 vH. dessen gekostet hat, was er für den Vierteljahrsempfänger hatte bereitstellen müssen. Der monatlich nachträglich bezahlte Angestellte aber kostete ihn nur 45 vH. des Vierteljahrsempfängers, trotzdem alle drei für

[1]) Siehe Seite 15.

gleiche Arbeitsleistung in Papiermark das mathematisch »gleiche« Gehalt bekommen haben.

Wie weit der Quartalsempfänger seine jeweiligen Bezüge ausnutzen konnte, ist naturgemäß schwer zu entscheiden. Legte er seine Vorauszahlung sofort »wertbeständig« an (Lebensmittel, Kleidung, Schuhwerk, Möbel, Aktien, Devisen u. dgl.), dann fehlte das Recht auf Nachzahlung. Ließ er sie auf seinem Bankkonto stehen, dann hatte er tatsächlich weniger zu verbrauchen; man darf aber fragen, ob der Staat Veranlassung hatte, den Banken Gehälter zu überweisen, damit sie in deren Hand und zu deren Gunsten entwertet wurden.

Bei solchen Zuständen hatte die nachträgliche Kontrolle der persönlichen Fonds nur noch kassentechnische Bedeutung.

5. Vorauszahlung und Inflation.

Wurden vor dem Kriege die Gehälter vierteljährlich im voraus gezahlt, so verzichtete der Staat damit auf nicht unbeträchtliche Zinsbeträge, gab aber anderseits seinen Beamten eine gewisse wirtschaftliche Freiheit und Beweglichkeit. Je schlechter die deutschen Finanzen wurden, desto schwerer fiel es, die großen Besoldungsbeträge bereitzustellen. Einzelne größere Gehaltserhöhungen (z. B. August und Dezember 1921 [1]) wie auch die Vorauszahlungen zu Quartalsbeginn lassen sich an den Zunahmen der schwebenden Schuld nachweisen.

Nicht nur an der Börse gab es die vielfach gebrandmarkten »Beamtenhaussen« der großen Zahltage. Jeder Kaufmann spürte, daß an solchen Tagen seine Vorräte mit beängstigender Geschwindigkeit sich in Papier verwandelten, das am nächsten Tage, wenn die Inflationswelle sich auf die Preise auswirkte, einen guten Teil seines Wertes verloren hatte. So drehte sich die Schraube: wenn Gehälter gezahlt waren, trieb eine Inflationswelle die Preise; weil aber die Preise stiegen, wurden die Gehälter wieder erhöht. Manch Beamter hat diese Bezüge als zu hoch empfunden und sie absichtlich nicht angelegt.

Hätte man im letzten Halbjahr auf die Vorauszahlungen verzichtet und, wie es bei den staatlichen Angestellten und in

---

[1]) Vergleiche Spalte »Monatszunahme der schwebenden Schuld« in Tafel 6 der »Finanzen«.

der Wirtschaft üblich war, in wöchentlichen Beträgen gezahlt, so wäre an Besoldungen sehr viel weniger aufzubringen gewesen wie bei dem System der Vorauszahlungen, bei dem der Staat den Geldentwertungsverlust zu tragen hatte. Dann hätte die Staatskasse für die höheren Gruppen, z. B. XIII, die jetzt den vollen Friedensbetrag erforderte, nur 45 vH. bereitzustellen brauchen, für die unteren, z. B. III, aber immer noch ebensoviel wie im Frieden (45 vH. von 3102 = 1400 M.). Die Besoldungen aber gaben für die Gesamtausgaben und damit für die Inflation den Ausschlag. Bei wöchentlichen Zahlungen hätte uns die Notenpresse nur um einen Teil dessen zu berauben brauchen, was sie so aus unserem Markte hat holen müssen[1]). Teuerung und Not wären langsamer gestiegen.

Wenn die Vorauszahlungen für das ganze Volk eine so entsetzliche Bedeutung hatten, so mußten sie schon lange fallen. Die Tabelle 1 zeigt, wie auch nach der monatlichen Vorauszahlung des Oktobers die steigende Teuerung den Staat schon nach wenigen Tagen erhebliche Nachzahlungen kostete.

Der Einwand, daß es sich bei den vierteljährlichen Vorauszahlungen um wohlerworbene Rechte handle, ist angesichts der gegenwärtigen Finanzlage wohl endgültig verstummt; denn auch von den Besoldungen des 1. Halbjahrs 1923 stammten 83 vH. aus der Notenpresse, wurden doch in diesem Zeitraume alle Ausgaben in dieser Höhe aus ihr geleistet, wie wir noch sehen werden.

6. Die Zahl der deutschen Beamten und Angestellten.

Die Kontrolle der persönlichen Fonds brach zusammen. Was das finanziell bedeutet, wird klar werden, wenn wir die Zahl derer festzustellen suchen, die in Deutschland z. Z. aus öffentlichen Mitteln leben. Leider versagt auf diesem finanziell so wichtigen Gebiete die Statistik vollkommen.

---

[1]) Der Besoldungsbedarf des Reichsetats 1923 verteilt sich in vH.:

	Reichshoheits-verwaltung	Betriebs-verwaltungen	Zusammen
Planmäßige Beamte . .	72 vH.	51 vH.	53 vH.
Außerplanmäßige Beamte	5 „	5 „	5 „
Angestellte und Arbeiter	25 „	44 „	42 „

Die Reichsarbeiterlöhne bedürften, weniger unter dem Gesichtspunkt der Zahlungstermine als ihrer absoluten Höhe im Vergleich zur privaten Wirtschaft, einer besonderen Untersuchung.

A. Die Beamten und Angestellten des Reiches.

Tabelle 2 zeigt die Beamten und Angestellten des Reiches nach den Voranschlägen 1914, 1922 und 1923. Jede Verwaltung hat etatmäßig zunächst eine Anzahl von planmäßigen Beamtenstellen. Daneben kann sie Beamte zu Hilfsleistungen heranziehen. Diese gelten als außerplanmäßig. Ihr Gehalt wird in einer Summe bewilligt; in den Erläuterungen wird allerdings meist nachrichtlich mitgeteilt, wieviel außerplanmäßige Beamte z. Z. der Etatsaufstellung beschäftigt werden und in welcher Gruppe sie stehen. Für 1914 fehlen diese Angaben leider vielfach. Damals wurden auch die Probebeamten (Diätare) nicht aus persönlichen Fonds entschädigt, sondern aus den Geschäftsbedürfnisfonds. Der Vergleich mit 1914 ist daher nur für die planmäßigen Stellen möglich. Die Angestellten spielten damals finanziell wie nach der Kopfzahl kaum eine Rolle, anders in den Etats 1922 und 1923.

Die Reichshoheitsverwaltung, ohne Heer und Marine[1]), hatte in 1914 3475 planmäßige Beamte, in 1922 dagegen 88 704 und in 1923 111 648[2]). An außerplanmäßigen Beamten dürften in 1914 kaum 1000 Köpfe tätig gewesen sein, in 1922 dagegen 10 091 und in 1923 9230. Im Etat 1923 sind also 22 944 neue planmäßige Stellen geschaffen. Dafür verminderte sich die Zahl der außerplanmäßigen Beamten um 861. Die Zahl der Angestellten stieg von 72 533 auf 81 694, also um 9341. Die Kopfzahl der Reichshoheitsverwaltung hat sich also von 1922 bis 1923 um 31 424 Köpfe vermehrt.

Die Reichsfinanzverwaltung hat in diesem Jahr 32 737 neue Kräfte eingestellt, also mehr als in 1914 insgesamt in der preußischen Steuer- und Zollverwaltung tätig waren. Daß die alte preußische Beamtenauslese bei einem derartigen Massenbetrieb nicht mehr durchführbar war, braucht kaum erwähnt zu werden. Wie die übrigen Verwaltungen an der Zunahme beteiligt waren, ergibt die Tabelle. Das Auswärtige Amt z. B. schuf in 1923 180 neue planmäßige Stellen, 50 neue außerplanmäßige und 441 Angestellte; das Wiederaufbauministerium 687 neue plan-

[1]) Aber einschl. der oben nicht aufgeführten Beamten des Reichswehrministeriums.

[2]) Davon 83 994 in der Reichsfinanzverwaltung.

Tabelle 2: **Die Zahl**

nach den Voranschlägen

	1914		1922				1923			
	Planmäßig	Hilfsbeamte	Planmäßig	Hilfsbeamte	Angestellte	Summe	Planmäßig	Hilfsbeamte	Angestellte	Summe
A. Reichshoheitsverwalt.										
I. Allgem. Reichsverwalt.										
Reichspräsident	.	.	18	.	18	36	18	.	20	38
Reichstag	42	.	104	13	280	397	104	13	230	347
Reichskanzlei	21	.	46	7	18	71	46	6	21	73
Rechnungshof	169	.	286[2])	9	22	317	285	11	22	318
II. Auswärtiges Amt .	660	.	1140	462	1432	3034	1320	412	1873	3605
davon:										
Ausw. Amt selbst . . .	77	.	479	290	695	1464	618	256	780	1654
Gesandtschaften . . .	583	112	660	111	614	1385	701	73	772	1546
1914: Kolonialamt . .	221	22	.	.	.	.	.	.	.	.
III. Innere Verwaltung.										
Reichsmin. des Innern[3]) . .	.	.	2850	1484	2049	6383	1655	666	1982	4303
davon:										
Ministerium[3])	194	21	163	54	102	319	175	56	106	337
Reichsgesundheitsamt .	105	.	122	24	48	194	132	25	51	208
Phys.-techn. Reichsanst.	100	59	135	34	103	272	141	33	104	278
Zentralnachweiseamt .	.	.	95	45	942	1082	196	107	502	805
Landesvermessung . .	.	.	358	26	263	647	356	21	271	648
Reichspensionsamt . .	.	.	232	214	257	703	302	276	309	887
Reichsjustizministerium . .	1067	.	1157	209	213	1579	1250	151	204	1605
davon:										
Ministerium	53	7	72	26	32	130	91	33	31	155
Reichsgericht	207	.	228	18	41	287	269	15	25	309
Reichspatentamt . . .	807	109	857	165	140	1162	890	103	148	1141
Reichswirtschaftsministerium	.	.	917	230	3388	4535	1301	241	2328	3870
davon:										
Ministerium	.	.	199	85	376	660	219	55	265	539
Statistisches Reichsamt	436	387	405	32	588	1025	638	78	484	1200
Reichswirtschaftsgericht	.	.	103	23	156	282	103	19	176	298
Reichskommissar f. Ein- u. Ausfuhrbewilligung	.	.	45	42	739	826	177	46	476	699
Reichskommissar für Kohlenverteilung . .	.	.	.	15	900	915	.	11	873	884

[1]) Die Zahlen für 1914 entnahmen wir dem Etat, die für 1922 und 1923 den Reichstagsdrucksachen 3655 und 5584.

[2]) Übernahme der Rechnungsbeamten der preußischen Eisenbahnverwaltung.

[3]) Nicht vergleichbar.

der Reichsbeamten

von 1914, 1922 und 1923[1]).

	1914		1922				1923			
	Planmäßig	Hilfsbeamte	Planmäßig	Hilfsbeamte	Angestellte	Summe	Planmäßig	Hilfsbeamte	Angestellte	Summe
Reichsarbeitsministerium . .	.	.	10 423	2365	28 861	41 649	10 792	1772	13 480	26 044
davon:										
Ministerium	.	.	407	116	408	931	418	82	285	785
Reichsversicherungsamt	347	46	215	36	53	304	209	17	49	275
Reichsarbeitsvermittlung	.	.	125	33	160	318	162	27	189	378
Hauptversorgungsämter	.	.	8 861	2096	23 242	34 199	9 112	1582	9 898	20 592
Versorg.-Krankenhäuser	.	.	598	25	4 882	5 505	578	7	2 881	3 466
Reichsversorg. - Gericht	.	.	180	59	50	289	292	56	101	449
Reichsernährungsministerium	.	.	166	53	242	461	182	75	313	570
davon: Ministerium . .	.	.	110	31	173	314	130	19	121	270
Wiederaufbauministerium .	.	.	1 545	556	5 466	7 567	2 232	596	5 284	8 112
davon:										
Ministerium	.	.	193	32	62	287	219	71	76	366
„Für nachgeordnete Behörden"	.	.	1 106	.	.	1 106	1 798	.	.	1 798
Reichsentschädig. - Amt	.	.	2	355	1 250	1 607	1	335	1 181	1 517
Reichsrücklieferungskommission	.	.	.	4	621	625	.	41	498	539
Reichsausgleichsamt . .	.	.	1	92	2 782	2 875	1	63	2 697	2 761
B. Finanzverwaltung.										
Reichsfinanzministerium . .	.	.	63 234	4377	21 475	89 086	83 994	4870	31 869	120 733
davon:										
Ministerium	113[4])	.	494	122	224	840	510	230	292	1 032
Landesfinanzämter:										
Präsidien . . , . . .	.	.	3 673	108	839	4 620	2 478	170	1 113	3 761
Abt. f. Besitzsteuern .	.	.	28 714	3149	14 687	46 550	} 47 192	3598	24 509	75 299
Buchprüfungsdienst .	.	.	546	60	410	1 016	}			
Abt. f. Zölle und Verbrauchssteuern . .	.	.	29 474	896	5 209	35 579	33 403	852	2 043	36 298
Reichsfinanzhof . . .	.	.	85	25	9	119	85	18	6	119
Branntweinmonopolamt	.	.	189	.	.	189	280	.	.	280
Reichsschatzministerium . .	.	.	1 442	58	582	2 082[5])	1 645	70	1 457	3 172
davon:										
Ministerium	.	.	217	10	75	302	181	30	63	274
Vermögensverwaltung f. besetzte Gebiete . .	.	.	1 109	23	345	1 477	1 464	23	1 289	2 776

[4]) 1913: Reichsschatzamt.
[5]) In 1923 wurde das Reichsschatzministerium aufgelöst.

Tabelle 2: Die Zahl der Reichsbeamten.

	1914		1922			1923		
	Plan-mäßig	Hilfs-beamte	Plan-mäßig	Hilfs-beamte	Ange-stellte	Plan-mäßig	Hilfs-beamte	Ange-stellte
C. Betriebsverwaltungen								
Reichsverkehrsministerium:								
Abt. Wasserstraßen . . .	.	.	756	36	188	2 191[1])	155	1 599
Abt. Luft- u. Kraftfahrwesen	.	.	786	38	205	2 221	158	1 613
Reichseisenbahnverwaltung	.	.	401 581	53 485	541 989	405 660	39 853	526 447
davon				997 055			971 960	
Hauptverwaltung	.	.	558	96	132	496	73	132
Betriebsverwaltung . . .	.	.	401 023	53 389	541 857	405 164	39 780	526 315
Reichspostverwaltung . . .	166 702	.	252 844	60 905	66 406	246 430	73 496	60 750
davon				380 155			380 676	
Hauptverwaltung. . . .	661	.	615	26	61	584	53	53
Betriebsverwaltung . . .	166 041	.	252 229	60 879	66 345	245 846	73 443	60 697
Reichsdruckerei	136	.	223	.	9 205	262	.	10 652

mäßige Stellen, 30 neue außerplanmäßige, wofür allerdings 182 Angestellte abgebaut wurden.

Von den Betriebsverwaltungen hatte die Reichspost in 1914 166 702 planmäßige Stellen (ohne Bayern und Württemberg), in 1922 dagegen 252 844 und in 1923 246 430 (— 6414); an außerplanmäßigen Beamten waren vorhanden 60 905 in 1922 und 73 496 in 1923 (+ 12 591) und an Angestellten 66 406 in 1922 und 60 750 in 1923 (— 5656); insgesamt stieg ihre Kopfzahl von 380 155 auf 380 676 in 1923, also um 521 Köpfe.

Die Reichseisenbahnverwaltung bestand in 1914 noch nicht. Die Zahl ihrer planmäßigen Beamten betrug 401 581 in 1922 und 405 660 in 1923 (+ 4079), die der außerplanmäßigen 53 485 und 39 853 (— 13 632) und die der Angestellten 541 989 und 526 447 (— 15 542); die gesamte Kopfzahl verminderte sich von 997 055 in 1922 auf 971 960 in 1923, also um 25 095 oder 2,5 vH.

Das Reich hat im Dienst der eigentlichen Verwaltung 120 878 Beamte und 81 694 Angestellte, zusammen 202 572 Köpfe.

[1]) Übernahme des Reichswasserschutzes vom Reichsamt des Innern.

Dazu kommen 114 143 Angehörige der Wehrmacht. Ferner sind aus Reichsmitteln zu unterhalten die Pensionäre, deren Zahl wir auf 300 000 Köpfe schätzen möchten. So stehen etwa 600 000 Personen unmittelbar auf dem Reichsetat, weitere 1,4 Mill. aber mittelbar, solange die Betriebsverwaltungen Reichszuschüsse erfordern.

Wie weit es nötig war, die Zahl der im Reichsdienst tätigen Beamten so stark zu vermehren, ist nachträglich schwer zu entscheiden. Die Reichsfinanzen aber werden durch die daraus entstehenden Pensionslasten sehr stark beeinträchtigt. Es darf daran erinnert werden, daß die Wirtschaft überall, auch in den schwierigsten Vertrauensposten, mit Angestellten arbeitet. Die überstürzte Einstellung von Beamten erschwert heute den Abbau.

Wir werden uns wieder daran gewöhnen müssen, in kleinen Zahlen und kleinen Verhältnissen zu denken. In Preußen hat man unter Miquel um die Umwandlung von 3252 Subalternbeamtenstellen lange gekämpft: ein dauernder Mehraufwand von 1 700 523 Mark jährlich wurde damals mit Recht ernst genommen. Die großen Miquelschen Besoldungsreformen, die sich über 8 Jahre hinzogen, bedeuteten einen jährlichen Mehrbedarf von 42 Mill. Mark. Miquel schreibt dazu in seinem klassischen Immediatbericht über die preußische Finanzverwaltung, daß diese Gehaltsaktion einige Jahre ausgesetzt werden mußte, weil die Gestaltung der Finanzlage es nicht zuließ. Ein Antrag, von einem Jahr auf das andere 22 944 neue planmäßige Beamtenstellen zu schaffen, dürfte in den damaligen besonneren Zeiten kaum denkbar gewesen sein.

B. Die Beamten und Angestellten in Ländern und Gemeinden.

Preußen dürfte im Bereich seiner Verwaltung etwa 115 000 Beamte und Angestellte (ohne Betriebsbeamte) und 57 000 Mann Schupo, zusammen rd. 170 000 Köpfe haben. Gegen 1922 zeigt der Etat 1923 ein Mehr von 3350 neuen Beamten und Angestellten, davon 250 Schupo. Für die anderen Länder könnte man weitere 100 000 Köpfe annehmen.

Für die Zahl der im Gemeindedienst Tätigen fehlen dagegen jegliche Anhaltspunkte. An Lehrpersonen lassen sich in Preußen etwa 120 000 Köpfe herausschälen, also rd. 200 000 im Reich;

die übrigen Beamten und Angestellten der Gemeinden dürften, nach den Besoldungszuschüssen zu urteilen, etwa 250 000 Köpfe zählen.

So ergäbe sich, daß in den Ländern rd. 270 000 und in den Gemeinden rd. 250 000 Köpfe im öffentlichen Dienst stehen, die mit 200 000 Lehrpersonen zusammen 720 000 Köpfe ausmachten, also etwa ebensoviel, wie am Reichsetat unmittelbar hängen.

C. Gesamtzahl.

Besoldungsregelungen greifen also unmittelbar in die Lebensverhältnisse von über 1,2 Mill. Beamten und Angestellten in Reich, Ländern und Gemeinden ein; weiterhin aber in die der 1,4 Mill. Köpfe der Reichsbetriebsverwaltungen, denen noch rd. 400 000 Köpfe für die Betriebsverwaltungen der Länder und Gemeinden hinzuzuzählen sind.

Wieviel Angehörige auf diese $1{,}2 + 1{,}4 + 0{,}4 =$ rd. 3 Mill. öffentlich bediensteter Personen entfallen, dürfte kaum zu schätzen sein. Immerhin aber zeigen diese Zahlen, welche ungeheure Bedeutung die Fragen der staatlichen Besoldungen haben und mit wie großen Widerständen Regelungen zu rechnen haben werden, deren bittere Notwendigkeit nicht den Beteiligten so klar vor Augen liegt, daß sie sich ihr ohne Murren unterziehen.

Mit der Kontrolle der persönlichen wie sächlichen Fonds brach die deutsche Finanzwirtschaft zusammen. Wir aber wenden den Blick von der Vergangenheit auf die Gegenwart und treten in das Labyrinth der Reichsfinanzverwaltung ein.

Tabelle 1.

Die Bedeutung der Zahlungstermine für die Staatskasse.

Die Staatskasse mußte zu den einzelnen Terminen die Besoldungsbeträge mit einem gewissen Goldwert bereitstellen. Wann sie in die Hände der Empfänger gelangten (die Quartalszahlungen wurden nur im Giroweg überwiesen), ließe sich nur aus Zusammenstellungen tatsächlich empfangener Gehaltsbeträge ersehen. Nicht Rückschlüsse auf die Lebenshaltung der Beamten gilt es hier zu machen, sondern die für die Staatsfinanzen entscheidende Frage zu klären, welche Zahlungsart (Vorauszahlung, monatlich, vierzehntäglich) für die Staatskasse goldmäßig die billigste ist und darum in der gegenwärtigen und kommenden schweren Not innegehalten werden muß.

Wenn wir es wagen, einen ersten Versuch der Klärung dieser Frage zu machen, so brauchen wir auf seine Schwächen nicht hinzuweisen. Die Besoldungsregeln stellen eine Art Geheimwissenschaft dar, in der rückblickend sich zurechtzufinden nicht ganz einfach ist. Eingehende Vergleiche mit tatsächlich gezahlten Gehältern aber ergaben, daß die errechneten Beträge mit ihnen übereinstimmten. Rechnerische Differenzen, die beim Arbeiten mit der Rechentafel immer vorkommen, dürften das Bild nicht wesentlich beeinflussen.

Wir stellten auf Grund der Besoldungsgesetze und des Reichsgesetzblattes die jeweiligen Bezüge der vierten Stufe jeder Gruppe (Ortsklasse A und zwei Kinder) fest.

Zahlenmäßig verteilen sich die Reichsbeamten auf die einzelnen Gruppen in vH.:

Gruppe	Hoheitsbeamte		Betriebsbeamte		Zusammen	
1	0,1		0,5		0,5	
2	3,3		2,4		2,5	
3	3,2		30,9		27,2	
4	3,6		23,8		21,2	
5	26,5		17,7	89 vH.	18,8	84 vH.
6	17,0	74 vH.	16,6		16,7	
7	19,6		2,8		5,1	
8	11,0		3,2		4,2	
9	5,2		1,2		1,7	
10	5,3		0,3		1,0	
11	3,0		0,4		0,8	
12	1,3		0,09		0,3	
13	0,6		0,01		0,1	
Einzelgehälter	0,3		0,01		0,05	

Zur Umrechnung wählten wir den Lebenshaltungsindex des Statistischen Reichsamtes; die zwischen den Stichtagen liegenden Indexziffern wurden interpoliert. Der innerdeutsche Index dürfte die deutsche Teuerung besser spiegeln als der Dollar (vgl. S. 36), den seine wilden Sprünge zur Umrechnung wenig geeignet machen. Die Umrechnung in »Binnenmark« war hier technisch nicht möglich, da der Ernährungskostenindex nicht wöchentlich festgestellt wurde. Da es sich hier um Lebenshaltungsausgaben handelt, lassen sich auch die Indexmark-Bezüge mit Friedenssätzen vergleichen.

Schwieriger war die Frage, zu welchem Zahlungstage die Beträge um-

Tabelle 1a. Die bereitzustellenden Besoldungsbeträge bei

Tag der Bereitstellung	Index 1913 = 1	Gehaltsfaktoren[1]): örtlicher Sonderzuschlag	Teuerungszuschlag	Gruppe III Amtsdiener P. M.	Gruppe III Amtsdiener Index-Mark	Gruppe V Kanzlist P. M.	Gruppe V Kanzlist Index-Mark
		April—Juni 1923.		T. M.		T. M.	
25. 3.	2 800	104	942	749	270	862	310
15. 4.	2 880	3/4 Monatsgehalt	—	187	65	216	75
3. 5.	3 460	182—104	942	89	26	102	30
15. 5.	3 780	1/4 Monatsgehalt	—	63	17	72	19
19. 5.	3 900	231	1220	48	12	54	14
20. 5.	3 900	315	1700	299	76	343	88
5. 6.	6 000	525	2900	275	46	316	53
20. 6.	10 500	1067	6000	398	39	454	45
					551		634
		Juli—September.		Mill.		Mill.	
27. 6.	14 000	33	37	4,98	360	5,88	420
7. 7.	20 000	59	237	3,93	197	4,64	232
21. 7.	36 000	118	574	2,21	62	2,59	72
3. 8.	150 000	288	1760	7,52	50	8,82	59
15. 8.	560 000	288—118	1760—574	4,93	9	5,85	10
17. 8.	600 000	4 × 15. 8.	—	17,72	30	23,40	39
18. 8.	750 000	2112	13 350	161,3	210	191,3	260
13. 9.	8,9 Mill.	6036	38 840	106,4	12	126,3	14
18. 9.	16,0 „	310	2 000	332,0	21	393,5	24
24. 9.	28 „	1085	7 000	1389,0	50	1645,0	59
					1001		1189

[1]) Als Grundgehälter der einzelnen Gruppen wurden zugrunde gelegt ab 1. 4. 23: 21 800 M.; 25 100; 29 300; 35 200; 39 000; 43 200; 68 000; ab 1. 6. 23: 0,728 Mill.; 0,863; 1,04; 1,30; 1,44; 1,62, 2,31. Zu den Grundgehältern wurde ein örtlicher Sonderzuschlag (wir setzten Berlin ein) und ein Teuerungszuschlag gewährt, deren Summe also den Gesamtzuschlag darstellte.

gerechnet werden sollen. Die Besoldungserlasse bestimmten zwar stereotyp, daß „vor dem und dem Tage keinesfalls gezahlt werden dürfe“. Wie weit dieser Tag innegehalten wurde, ist schwer zu entscheiden. Selbst die Besoldungserlasse gaben das indirekt zu, da sie wiederholt Nachzahlungen als „sofort zahlbar“ bezeichneten, trotzdem der Zahltag des Erstbetrages noch gar nicht da war. Wir wählten einen Mittelweg, indem wir die vorgeschriebenen Zahltage oder, wo solche fehlten, den zweiten Tag nach Ausgabe des Erlasses zur Umrechnung annahmen.

vierteljährlicher Vorauszahlung (April—September 1923).

Gruppe VII Ober-Sekretär		Gruppe IX Kassenrendant		Gruppe X Regierungsrat, Minist. Sekr.[2])		Gruppe XI Älterer Reg. Rat		Gruppe XIII Ministerialrat[2])	
P. M.	Index-Mark	P. M.	Index-Mark	P. M.	Index-Mark	P. M.	Index-Mark	P. M.	Index-Mark
T. M.		T. M.		T. M.		T. M.		T. M.	
1007	360	1204	430	1340	480	1485	530	2337	840
252	88	303	106	335	117	371	128	584	204
120	35	144	42	159	46	176	51	277	80
84	23	101	27	112	30	123	33	195	51
62	16	72	19	78	20	87	23	133	34
399	102	478	122	528	138	585	150	916	231
365	61	435	72	480	81	530	88	815	143
525	52	623	62	687	68	759	77	1174	116
	737		880		980		1080		1700
Mill.		Mill.		Mill.		Mill.		Mill.	
7,03	500	8,76	630	9,68	690	10,77	770	15,43	1100
5,58	279	6,95	348	7,69	385	8,64	432	12,28	614
3,09	86	3,72	105	4,21	120	4,62	130	6,56	180
10,52	70	13,03	87	14,38	95	16,12	108	22,77	150
7,05	13	8,81	16	9,76	17	10,98	20	15,66	28
28,20	47	35,24	59	39,04	65	439,2	73	62,64	105
230,2	300	288,7	380	319,5	420	364,8	460	512,7	620
152,0	17	190,1	21	210,5	24	236,8	27	337,7	38
474,2	30	592,8	37	656,6	41	738,7	46	1053,0	65
1985,0	71	2482,0	89	2749,0	98	3093,0	110	4410,0	160
	1413		1772		1955		2176		3061

[2]) Die Ministerialzulagen sind hier nicht berücksichtigt.

Tabelle 1b. Beträge vom

Tag der Bereitstellung	Index	Gehaltsfaktoren: örtlicher Sonderzuschlag	Gehaltsfaktoren: Teuerungszuschlag	Gruppe III Amtsdiener P. M.	Gruppe III Amtsdiener Index-Mark	Gruppe V Kanzlist P. M.	Gruppe V Kanzlist Index-Mark
		Oktober/November.		Milld.		Milld.	
30. 9.	39 Mill.	1 085	7 000	4,56	120	6,58	170
10. 10.	200 „	2 170	14 000	1,47	7	1,74	9
17. 10.	1,0 Milld.	5 425	35 000	4,41	4	5,23	5
18. 10.	1,4 „	9 765	63 000	11,77	9	13,95	10
21. 10.	3,0 „	24 645	159 000	20,18	7	23,92	8
25. 10.	7,5 „	48 205	311 000	63,9	9	75,8	10
27. 10.	10,5 „	315 205	2 031 000	180,8	17	214,4	20
30. 10.	28,0 „	315 205	2 031 000	180,8	7	214,4	8
				Bill.		Bill.	
3. 11.	70,0 „	15,5 vH.	4 062 000	0,493	7	0,585	8
5. 11.	115,0 „	15,5 „	4 062 000	0,919	8	1,09	10
7. 11.	130,0 „	15,5 „	6 093 000	0,493	4	0,585	5
9. 11.	160,0 „	15,5 „	10 155 000	0,493	3	0,585	4
11. 11.	200,0 „	15,5 „	14 Mill.	0,906	5	1,08	5
12. 11.	219,0 „	15,5 „	30 „	3,36	15	3,99	19
16. 11.	540,0 „	15,5 „	30 „	25,23	47	29,90	55
18. 11.	700,0 „	15,5 „	82 „	9,35	14	11,09	16
22. 11.	1050 „	15,5 „	108 „	22,70	22	26,91	26
24. 11.	1350 „	15,5 „	140 „	3,36	2	3,99	3
					307		391
		Dezember.					
29. 11.	1,53 Bill.	seit 24. 11.: 9 vH.	100 Mill.	42,04	27	49,84	33
12. 12.	1,3 „	Differenz z. Goldgeh.	—	22,0	17	27,0	21
17. 12.	1,15 „	1/4 Monatsgehalt	—	32,0	28	38,5	34
21. 12.	1,15 „	1/4 „	—	32,0	28	38,5	34
					100		122
		Januar.		R. M.		R. M.	
31. 12.	1,14 Bill.	1/2 Monatsgehalt	—	64	57	77	68
14. 1.	1,11 „	1/2 „	—	64	58	77	70
					115		138

Oktober 1923 bis Januar 1924.

Gruppe VII Ober-Sekretär		Gruppe IX Kassenrendant		Gruppe X Regierungsrat, Minist. Sekr.		Gruppe XI Älterer Reg. Rat		Gruppe XIII Ministerialrat	
P. M.	Index-Mark	P. M.	Index-Mark	P. M.	Index-Mark	P. M.	Index-Mark	P. M.	Index-Mark
Milld.		Milld.		Milld.		Milld.		Milld.	
7,94	205	9,93	250	10,00	260	12,37	320	17,64	450
2,10	11	2,63	13	2,91	15	3,27	16	4,67	23
6,31	6	7,88	8	8,73	9	9,82	10	12,01	12
16,82	12	21,02	15	23,28	17	26,20	19	37,35	27
28,82	10	36,02	12	39,92	13	44,91	15	63,03	22
91,3	12	114,1	15	126,4	17	142,2	19	202,8	27
258,3	25	322,9	32	357,4	34	402,4	38	573,8	55
258,3	10	322,9	12	357,4	13	402,4	15	573,8	20
Bill.		Bill.		Bill.		Bill.		Bill.	
0,705	10	0,881	13	0,975	14	1,10	16	1,57	22
1,31	12	1,64	14	1,82	16	2,05	18	2,92	25
0,705	6	0,881	7	0,975	8	1,10	9	1,57	12
0,705	5	0,881	5	0,975	6	1,10	7	1,57	10
1,29	6	1,62	8	1,79	9	2,02	10	2,88	14
4,80	22	6,01	28	6,65	30	7,48	35	10,67	49
36,04	67	45,05	83	49,89	92	56,13	105	80,04	140
13,36	19	16,71	24	18,50	26	20,82	30	29,68	42
32,43	31	40,53	38	44,89	42	50,51	48	72,03	68
4,80	4	6,01	5	6,65	5	7,48	6	10,67	8
	473		582		626		737		1026
60,06	39	75,08	49	83,16	54	93,56	61	133,4	87
39,0	30	54,0	41	64,0	49	72,0	55	111,0	86
50,0	44	65,0	57	73,0	64	84,0	74	121	105
50,0	44	65,0	57	73,0	64	84,0	74	121	105
	157		204		231		264		383
R. M.		R. M.		R. M.		R. M.		R. M.	
99	87	130	114	147	129	166	145	242	212
99	90	130	118	147	133	166	150	242	219
	177		232		262		295		431

Tabelle 1c. Monatliche Vorauszahlung (Beispiel: Gruppe X).

Tag der Bereitstellung	Teuerung	Gehaltsfaktoren[1]): Örtlicher Sonderzuschlag	Teuerungszuschlag	P. M.	Index-Mark
	April.			1000 P. M.	
30. 3.	2 700	104	942	450	167
15. 4.	2 880	3/4 Monatsgehalt	—	335	116
					283
	Mai.				
30. 4.	3 250	104	942	450	138
5. 5.	3 490	1/4 Monatsgehalt	—	112	32
7. 5.	3 550	182—104	—	304	85
19. 5.	4 050	231	1220	78	19
20. 5.	4 100	315	1700	174	42
					316
	Juni.				
30. 5.	5 200	315	1700	841	163
7. 6.	6 370	525	2900	550	86
22. 6.	10 900	1067	6000	477	44
					293
		Summe April—Juni			892
	Juli.			Mill.	
30. 6.	15 800	33	87	3,170	200
10. 7.	22 800	59	237	2,527	111
21. 7.	36 800	118	574	2,829	77
					388
	August.				
30. 7.	71 500	118	574	10,195	145
8. 8.	220 000	288	1760	9,732	44
15. 8.	520 000	288—119	1760—574	9,730	19
17. 8.	600 000	4 × 15,8	—	38,92	65
20. 8.	750 000	2112	13 530	97,60	130
					403
	September.				
30. 8.	1,4 Mill.	2112	13 530	220,4	158
15. 9.	11,5 „	6036	38 840	210,5	18
18. 9.	16,5 „	310	2000	656,5	40
24. 9.	28,0 „	—	Meßzahl 1908,8	2749,0	98
					314
		Summe Juli—September			1205
		Summe April—September			2097

[1]) Grundvergütung 43 200; Ortsklasse A; zwei Kinder.

Tabelle 1d. Zahlung monatlich nachher (Gruppe X).

Tag der Bereitstellung	Teuerung	Zahlungsvorschriften[1]	P. M.	Index-Mark
	April.		1000 P.M.	
1. 4.	2 700	1/2 Monat	225	83
14. 4.	2 850	3/4 Monat	335	117
30. 4.	3 250	Rest (Summe 785)	225	69
				269
	Mai			
7. 5.	3 550	1/4 Monat	112	32
15. 5.	3 780	8 Grundeinheiten[2]) (40 000 M.)	160	43
19. 5.	4 050	Nachzahlung	78	19
20. 5.	4 100	„	120	29
31. 5.	5 300	Rest (Summe 900)	420	81
				204
	Juni.			
5. 6.	6 100	8 Grundeinheiten	320	52
13. 6.	7 600	1/2 Monat	320	43
22. 6.	10 900	16 Grundeinheiten	640	59
30. 6.	15 800	Rest (Summe 2,1 Mill.) . . .	750	47
				201
		Summe April—Juni		674
	Juli.		Mill.	
5. 7.	19 000	10 Grundeinheiten (100 000 M.)	1,00	53
13. 7.	26 000	10 „	1,00	38
21. 7.	36 800	25 „	2,50	68
30. 7.	71 500	Rest (Summe 8,5 Mill.) . . .	4,00	56
				215
	August.			
4. 8.	120 000	15 Grundeinheiten (4,25 Mill.) .	6,37	53
13. 8.	437 000	45 „	19,10	44
21. 8.	790 000	90 „	38,20	48
24. 8.	920 000	90 „	38,20	42
30. 8.	1,4 Mill.	Rest (Summe 165 Mill.) . . .	64,00	46
				233
	September.			
5. 9.	2,6 Mill.	18 Grundeinheiten (8,0 Mill.) .	144,0	55
13. 9.	8,9 „	40 „	320,0	36
18. 9.	16,5 „	75 „	600,0	36
24. 9.	28,0 „	160 „	1280,0	46
30. 9.	39,0 „	Rest (Summe 3,8 Milld.) . . .	1550,0	40
				213
		Summe Juli—September		661
		Summe April—September		1335

[1]) Gehaltsfaktoren und Grundvergütung siehe 1c.

[2]) Als Grundeinheit gelten 5 vH. vom Papiergehalt des Vormonats.

Tabelle 1e. Gehälter einer Berliner Großbank.

Tag der Zahlung	Index	Älterer Kontorist (15/gew.) 35 Jahre, 2 Kinder		Kassenbote (13/III.) 33 Jahre, 2 Kinder	
		T. M.	Indexmark	T. M.	Indexmark
	April.				
16. 4.	2 886	442	154	373	130
20. 4.	2 950	29	10	23	8
11. 5.	3 660	73	20	61	17
			184		155
	Mai.				
15. 5.	3 780	487	130	411	110
29. 5.	5 000	233	46	181	36
			176		146
	Juni.				
21. 6.	10 500	1312	125	1077	102
30. 6.	15 800	321	20	256	16
			145		118
	Summe April—Juni		505		419
	Juli.				
10. 7.	22 800	1556	61	1301	51
20. 7.	35 200	1926	55	1545	44
27. 7.	50 000	2567	51	2060	40
3. 8.	105 000	2567	24	2060	20
7. 8.	180 000	4280	24	3426	19
			215		174
	August.				
11. 8.	340 000	14,2 Mill.	41	11,7 Mill.	34
16. 8.	560 000	14,4 „	26	11,5 „	20
20. 8.	750 000	36,0 „	48	28,8 „	38
27. 8.	1 183 000	36,0 „	30	28,8 „	24
31. 8.	1 400 000	36,0 „	25	28,8 „	20
			170		136
	September.				
3. 9.	1,8 Mill.	95,9 „	52	76,8 „	42
10. 9.	5,0 „	316,0 „	63	172,2 „	34
13. 9.	8,9 „	9,6 „	1	7,7 „	1
17. 9.	14,3 „	1283,0 „	88	905,4 „	63
24. 9.	28,0 „	1878,0 „	66	1200,5 „	43
29. 9.	36,5 „	1502,6 „	41	960,4 „	26
			311		199
	Summe Juli—September		696		510

Tabelle 1e. Gehälter einer Berliner Großbank. (Fortsetzung.)

Tag der Zahlung	Index	Älterer Kontorist (15/gew.) 35 Jahre, 2 Kinder	Indexmark	Kassenbote (13/III.) 33 Jahre, 2 Kinder	Indexmark
	Oktober.				
6. 10.	85 Mill.	6,94 Milld.	82	4,17 Milld.	50
13. 10.	480 „	32,87 „	68	21,01 „	42
20. 10.	2,4 Milld.	72,31 „	30	46,22 „	20
27. 10.	10,5 „	235,02 „	22	115,55 „	11
31. 10.	40,0 „	361,56 „	90	231,10 „	56
			292		179
	November.				
3. 11.	70,0 Milld.	1,91 Bill.	27	1,29 Bill.	19
7. 11.	130,0 „	2,35 „	18	1,16 „	9
10. 11.	175,0 „	2,35 „	13	1,16 „	7
16. 11.	540 „	15,28 „	28	7,51 „	11
23. 11.	1,25 Bill.	49,37 „	39	24,27 „	20
30. 11.	1,53 „	84,61 „	56	41,60 „	27
			181		93
	Summe Oktober/November		473		272
	Dezember.				
6. 12.	1,40 Bill.	70,51 Bill.	50	34,67 Bill.	25
9. 12.	1,30 „	33,10 „	26	33,10 „	26
17. 12.	1,15 „	75,50 „	58	37,10 „	29
27. 12.	1,15 „	62,60 „	48	30,80 „	24
4. 1.	1,14 „	19,65 „	15	19,65 „	15
			197		119

Ergebnisse.

Tabellen 1a und b.

Die Staatskasse mußte für die einzelnen Gehaltsgruppen bei vierteljährlicher Zahlung (planmäßige Beamte) bereitstellen:

	III.	V.	VII.	IX.	X.	XI.	XIII.
Friedensgehalt[1]) jährl. G. M.	1420	1760	2800	3900	4800	5600	8700
also monatlich	118	147	233	325	400	470	725
April—Juni 1923 = vH.	155	144	105	90	82	77	76
Juli—Sept. . . . . = „	283	270	201	181	163	155	140
April—Sept. . . = „	227	207	153	136	123	116	107
Okt.—Nov. . . . . = „	131	134	100	84	78	77	71
Dezember . . . = „	85	84	68	63	58	56	53
Januar 1924 . . = „	98	94	76	72	66	62	60

[1]) Siehe nächste Seite.

Ergebnis: In der Nachzahlungsperiode April—September 1923 hat die Staatskasse für die unteren Gruppen im Durchschnitt mehr als den doppelten (227 vH.) und für die höheren Gruppen immer noch den vollen Friedensbetrag bereit halten müssen. Mit den kürzeren Zahlungsfristen im Dezember sanken die notwendigen Beträge. In den steuerlich schlechtesten Monaten waren die Besoldungsausgaben also am größten.

Tabellen 1c und d.

Für die monatlich voraus und nachher bezahlten Kräfte für außerplanmäßige Beamte und Angestellte mußte die Staatskasse bereitstellen:

	Monatlich voraus	Monatlich nachher
Friedensgehalt	400 G.M.	400 G.M.
April 1923	71 vH.	67 vH.
Mai	79 „	51 „
Juni	73 „	50 „
April—Juni	75 „	56 „
Juli	97 „	54 „
August	101 „	58 „
September	78 „	53 „
Juli—September	100 „	55 „
April—September	87 „	55 „

Ergebnis: Für den monatlich voraus bezahlten, außerplanmäßigen Beamten der Gruppe X brauchte die Staatskasse nur 87 vH. und für den monatlich nachher bezahlten Angestellten nur 55 vH. der Friedensbezüge bereitzustellen, während sie der vierteljährlich voraus bezahlte Beamte 123 vH. gekostet hatte. Der letztere hat im 1. Halbjahr 1923 2935 Index-Mark gekostet, die beiden andern dagegen nur 2097 Index-Mark oder 73 vH. und 1335 Index-Mark oder 45 vH. Da sich die Verschiedenheit der Zahlungstermine bei allen Gruppen gleichmäßig auswirkte, so hätte die Staatskasse bei monatlicher Vorauszahlung nur 73 vH. und bei der Zahlungsart der Angestellten, die auch nicht verhungert sind, nur 45 vH. der bei vierteljährlicher Vorauszahlung nötigen Beträge bereitzustellen brauchen.

Wie die Besoldungsgesetze unwirksam wurden, zeigt die Tatsache, daß der monatlich vorausbezahlte Beamte der Gruppe X etwas weniger gekostet hat als der quartalsbezahlte der Gruppe VII (2150 Index-Mark) und daß der Angestellte der Gruppe X nur 86 vH. dessen erforderte, was für einen Amtsdiener der Gruppe III bereitgestellt werden mußte (1551 Index-Mark).

---

[1]) Die Friedensgehälter sind die der damaligen Klassen 4, 8, 13, 25, 38, 43, 50. Die Wohnungsgeldzuschüsse wurden nicht berücksichtigt, da die als Goldausgabe völlig verschwindenden Papiermieten bereits im Umrechnungsfaktor ihren Ausdruck finden; der Staat würde ferner heute wie einst den Wohnungsgeldzuschuß nach der tatsächlichen Miete einrichten müssen; diese aber hält er z. Zt. gesetzlich niedrig, würde also heute mit geringerem Wohnungsgeldzuschuß auskommen. Ebenso blieben die Ministerialzulagen außer Ansatz.

Tabelle 1e.

Da die bei den verschiedenen Zahlungsarten bereitzustellenden Beträge nach gleichen Grundsätzen umgerechnet wurden, dürften sich kaum Bedenken erheben, wenn wir sie vergleichend einander gegenüberstellten. Schwieriger ist die Frage, was die den einzelnen Gehaltsempfängern ausgezahlten Beträge wert waren. Wir haben versucht, mit den gewählten Daten den tatsächlichen Zahlungstagen nahezukommen. Stichproben ergaben, daß die nach den tatsächlichen Zahlungstagen berechneten Indexmarksummen der Bezüge nur um wenige Prozente unterhalb der oben berechneten Werte lagen; rückblickend überschätzt man den Teuerungsunterschied zwischen einem Tag und dem nächsten leicht; bei längeren Zeiträumen findet hier ein gewisser Ausgleich statt.

Wenn wir unter diesem Vorbehalt die Bezüge zweier Gruppen des Bankgewerbes berechneten, so werden sie einen endgültigen Vergleich mit den oben berechneten Index-Markbeträgen, die die Staatskasse bereitstellen mußte, nicht zulassen. Immerhin dürfte folgendes von Interesse sein:

Es bezogen im April — September 1923 ein mittlerer Bankbeamter 1201 Index-Mark oder 56 vH. der für den vierteljährlich vorausbezahlten Staatsbeamten der Gruppe VII (2150 Index-Mark) und ein Kassenbote 929 Index-Mark oder 47 vH. der für den vierteljährlich vorausbezahlten Amtsdiener (1551 Index-Mark) bereitzustellenden Beträge; nach der Stabilisierung aber sind die Bankgehälter wieder die höheren. Daß die absolute Höhe der Bankgehälter im Gegensatz zu den Fragen der staatlichen Besoldungspolitik eine völlig interne Frage des Bankgewerbes ist, brauchen wir nicht zu betonen; immerhin dürften die Bankgehälter in jenen sehr hohe Anforderungen stellenden Monaten über dem Durchschnitt der Gehälter anderer Gewerbegruppen gelegen haben, für die uns die amtliche Statistik leider kaum Papierziffern bietet. Die hohe Anspannung der Bankkräfte wird auch in der staatlichen Besoldungsordnung anerkannt; die unteren Beamten der staatlichen Bankanstalten erhalten 15 vH., die mittleren (von Gruppe VIII an) 40 vH. ihrer jeweiligen Gruppenbezüge als Bankzulage.

In revolutionären Zeiten herrscht leicht ein gewisses Maß von Dilettantismus. Wir aber müssen auch in der staatlichen Besoldungspolitik aus den erhellten Fehlern der Vergangenheit lernen, um sie in der dunklen Zukunft zu vermeiden.

II. Die Reichsfinanzverwaltung.

1. Der Reichshaushalt.

Mit den Aufgaben des Reiches wechselten die Ausgaben. Wir untersuchten früher, wie sie sich nach den Voranschlägen von 1914 und 1922 auf die einzelnen Gebiete verteilten: in 1914 verlangten Heer und Marine 85 vH. des Zuschußbedarfes der Reichshoheitsverwaltung, in 1922 aber nur 13 vH.; dafür wuchsen die Anteile der Pensionen und der inneren Verwaltung von 7,5 und 5 vH. in 1914 auf 47 und 38 vH. in 1922.

Ein ähnliches Bild ergibt Tabelle 3. In ihr sind die im Reichshaushalt mechanisch aufgezählten Verwaltungszweige in klare Gruppen zusammengefaßt (vgl. dazu Tafel 5 der »Finanzen«). Neben den Friedensmarkbeträgen des Voranschlags 1914, der für unsere Zwecke der Abrechnung 1913 gleichgestellt werden darf, erscheinen die Istzahlen der bisher aufgerechneten Jahre 1920 und 1921 in Binnenmark[1][2].

Die Reichshoheitsverwaltung (Abschnitt A) schloß in 1920 und 1921 mit etwas größeren Ausgaben als in 1914 ab: die ausgefallenen erheblichen Kosten von Heer und Marine (in 1914 85 vH.) werden durch neue Ausgaben mehr als ausgeglichen.

Die Finanzverwaltung (Abschnitt B) verdoppelte ihre Roheinnahmen (Erzbergersche Reform) und steigerte ihre Rohausgaben (Steuerüberweisungen an Länder und Gemeinden); der für allgemeine Reichsfonds verfügbare Überschuß schwankte ziemlich stark.

Die Betriebsverwaltungen (Abschnitt C) verdoppelten gegen 1914 ihre Roheinnahmen (die Reichsbahn umfaßte in 1914 nur das Elsaß-Lothringensche Netz), verdreifachten aber ihre Rohausgaben und brachten statt 74 Mill. Überschuß das 15fache als Fehlbetrag.

---

[1]) »Finanzen« S. 30 und 62.

[2]) Zum Begriffe der Binnenmark vgl. »Finanzen« S. 44.

Tabelle 3: Die Reichsfinanzen 1914, 1920, 1921.

In Millionen Binnenmark.

	Soll 1914			Ist 1920			Ist 1921		
	Einnahme	Ausgabe	±	Einnahme	Ausgabe	±	Einnahme	Ausgabe	±
A. Reichshoheitsverwalt.									
I. Allgemeine Reichsverwalt.:									
Reichspräsident	.	.	.	.	0,1	−0,1	.	0,1	−0,1
Bundesrat — Reichsrat .	.	.	.	.	.	.	.	.	.
Reichstag	.	2,2	− 2,2	.	1,4	−1,4	.	1,7	−1,7
Reichskanzler	.	0,3	− 0,3	.	0,2	−0,2	.	0,2	−0,2
Rechnungshof	.	1,3	− 1,3	.	0,5	−0,5	.	0,5	−0,5
	.	3,8	− 3,8	.	2,2	−2,2	.	2,5	−2,5
II. Auswärtige Verwalt. (A.A.)	1,3	21,1	−19,8	4	17	−13 (− 23[1])	38	25	+ 13 (− 11[1])
III. Innere Verwaltung:									
Reichsmin. des Innern .	25	120	−95	1	128	−127	1	102	− 101
Wiederaufbauministerium .	.	.	.	.	523	−523	1	33	− 32
Arbeitsministerium . . .	.	.	.	3	338	−335	60	390	− 330
Ernährungsministerium .	.	.	.	1	753	−752	2	968	− 966
Reichswirtschaftsmin. . .	.	.	.	37	32	+ 5	46	11	+ 35
Reichs-Justizmin.	1,4	2,8	− 1,4	2	3	− 1	2	4	− 2
	26,4	122,8	− 96,4	44	1777	− 1733	112	1508	− 1396
IV. Reichswehr (Heer u. Marine)	26	1705	−1679	20	350	− 330	25	210	− 195
V. Pensionsfonds	.	145	− 145	.	290	− 290	.	380	− 380
Summe A.	55	2025	−1970	68	2436	− 2368	175	2126	− 1951
B. Finanzverwaltung									
Allgemeine Finanzverwaltung .	2266	184	+2082	3900	2500	+ 1400	4200	1400	+ 2800
Reichs-Finanzministerium . .	2	48	− 46	4	126	− 122	80	132	− 53
Reichsschatzministerium . .	.	.	.	228	66	+ 162	64	48	+ 16
Summe B.	2268	232	+ 2036	4132	2692	+ 1440	4344	1580	+ 2763
C. Betriebsverwaltungen									
Reichspost	881	820	+ 61	400	650	− 250	572	760	− 188
Reichsdruckerei	14	11	+ 3	32	32	.	24	24	.
Reichseisenbahnverwaltung. .	162	152	+ 10	1400	2480	− 1080	2250	2840	− 590
Reichsverkehrsministerium . .	.	0,5	− 0,5	3	10	− 7	8	67	− 59
Summe C.	1057	983	+ 74	1835	3172	− 1337	2854	3691	− 837
D. Reichsschuld . .	116	257	− 138	1300	2700	− 1400	530	1530	− 1000
E. Krieg und Tribute . .	.	.	.	.	2000	− 2000	.	4900	− 4900
Gesamtabschluß:				In Milliarden					
A. Reichsverwaltung	0,06	2,03	− 1,97	0,07	2,44	− 2,37	0,18	2,13	− 1,95
B. Finanzverwaltung	2,26	0,23	+ 2,04	4,13	2,69	+ 1,44	4,34	1,58	+ 2,76
C. Betriebsverwaltungen . .	1,06	0,98	+ 0,07	1,84	3,17	− 1,34	2,85	3,69	− 0,84
D. Reichsschuld	0,12	0,26	− 0,14	1,30	2,70	− 1,40	0,53	1,53	− 1,00
E. Krieg und Tribute . . .	.	.	.	.	2,00	− 2,00	.	4,90	− 4,90
	3,50	3,50	—	7,34	13,00	− 5,66	7,90	13,83	− 5,93
						= 44 %			= 43 %

Anmerkungen.

1. Das Soll von 1914 unterscheidet sich vom Ist 1913 so wenig, daß beide hier gleichgesetzt werden können.
2. Das Ist 1920 wurde durch Division durch 13, das von 1921 durch Division durch 20 ermittelt. Umbuchungen wurden nicht berücksichtigt, so vor allem die Zuschüsse der Allgemeinen Finanzverwaltung an die Betriebsverwaltungen, die hier mit ihrem tatsächlichen Fehlbetrag erscheinen.

[1]) Außerordentliche Zuschüsse auf dem Haushalt der Allg. Fin. Verw.

Die Reichsschuld (Abschnitt D) erforderte in Ausgabe wie Zuschuß das Mehrfache von 1914.

Für Krieg und Tribute erscheinen in den Abrechnungen Zahlen, die kaum brauchbar sein dürften; einmal konnte bisher nur ein Teil der Tributausgaben abgerechnet werden, da endgültige Ziffern noch nicht vorliegen; anderseits aber bietet die Umrechnung über die durchschnittliche Jahresteuerung nicht unerhebliche Fehlermöglichkeiten. Die in 1920 und 1921 erscheinenden 2 und 5 Milld. B. M. sind immerhin bereits namhafte Beträge: in 1913 hatte das Reich aus seinen sämtlichen Zöllen, Steuern und Gebühren nur wenig mehr als 2 Milld. Mark vereinnahmt.

2. Die Reichshoheitsverwaltung.

Wir verfolgen die einzelnen Zweige an Hand der Zusammenstellung:

I. Die allgemeine Reichsverwaltung erforderte in 1920 und 1921 2,2 und 2,5 Mill. B. M., also nicht unerheblich weniger als in 1914 (3,8 Mill. B. M.).

II. Die auswärtige Verwaltung, eines der finanziellen Schmerzenskinder, verausgabte in 1920 17 Mill. B. M. oder 80 v. H. von 1914, in 1921 dagegen 25 Mill. B. M. + 11 Mill. B. M. außerordentlichen Zuschuß, zusammen 36 Mill. B. M. oder das $1^3/_4$fache von 1914, wobei allerdings in diesem Jahre, nach den Papierzahlen zu urteilen, die Ausgaben voll durch Einnahmen (Paßgebühren) gedeckt wurden.

III. In der inneren Verwaltung stiegen die Rohausgaben von 123 Mill. in 1914 auf 1,8 Milld. B. M. in 1920 (15fach) und 1,5 Milld. B. M. in 1921 (12fach), und der Zuschußbedarf von 96 Mill. in 1914 auf 1,7 Milld. in 1920 (18fach) und 1,4 Milld. (14fach) in 1921. In den beiden letzten Jahren entfällt etwas mehr als die Hälfte der Ausgaben (753 und 968 Mill. B. M.) auf das Ernährungsministerium (Brotverbilligung usw.). Es folgen Arbeitsministerium mit 338 und 390 Mill. B. M. und Reichsamt des Innern mit 128 und 102. Um für diese Zahlen einen Maßstab zu geben, darf erwähnt werden, daß die Einkommensteuer in Preußen in 1913 im ganzen nur 400 Mill. M. gebracht hat.

IV. Heer und Marine kosten in 1914 1,7 Milld., in 1920 350 Mill. B. M. und in 1921 210 Mill. B. M.

V. Für Pensionen waren in 1914 145 Mill. erforderlich, in 1920 aber 290 Mill. B. M. und in 1921 380 Mill. B. M., also das 2- bis 3fache.

Im ganzen wurden für die Reichshoheitsverwaltung in 1914 2 Milld., in 1920 aber 2,5 und in 1922 2,2 Milld. B. M. verausgabt, also nicht unerheblich mehr, da von 1914 die 1,7 Milld. für Heer und Marine fast völlig ausfielen. Daß hier eingespart werden muß und kann, stimmt mit den Ergebnissen überein, welche der Vergleich der Beamtenzahlen des Reiches mit denen der Länder ergab.

Neben diesen Ausgaben der Hoheitsverwaltung hängen drei Bleigewichte am Reichshaushalt:

Eisenbahn und Post,
Länder und Gemeinden,
Schuld und Tribute.

3. Eisenbahn und Post.

Die Betriebsverwaltungen belasteten mit ihren Fehlbeträgen den Reichshaushalt derart, daß sie die meist etwas stiefmütterliche Behandlung in keiner Weise verdienten. Wer auch nur einen Blick in die Geschichte und Geschicke des früheren deutschen Finanzwesens getan hat, kennt die ungeheure Sorgfalt, mit der die Betriebsverwaltungen finanziell behandelt wurden.

Der enge Etatstechniker wird derart überragende Betriebsverwaltungen ablehnen, bringen sie doch mit ihren von Wirtschaftskonjunkturen völlig abhängigen und daher schwer zu veranschlagenden Überschüssen in den ganzen Haushalt einen großen Unsicherheitsfaktor. Aber führen anderseits nicht gerade die vielfachen wirtschaftlichen Fragen, die sich aus der Leitung staatlicher Betriebe ergeben, den Verwaltungsbeamten in ständige Berührung mit dem Wirtschaftsleben? Und spiegeln nicht auch die Erträgnisse der Steuern die guten und schlechten Tage von Handel und Gewerbe mit gleicher Offenheit wieder?

Ein kaufmännisch voll befriedigendes Bild läßt sich von der Eisenbahnverwaltung nicht geben. Ihr Haushalt war zwar voll belastet, seit Zinsen, Pensionen usw. auf ihm erscheinen, die Abrechnungen aber geben keinen Aufschluß über die Veränderungen des Vermögens. Vor allem konnten Vorratskäufe von Kohlen in einem Jahr und Aufzehrung im nächsten die Ergebnisse dieses Zeitraumes nicht unerheblich verschieben. Daß eine saubere, straffe und gewinnbringende Betriebsführung auch im Rahmen des Etats möglich ist, haben die Vorkriegsjahre bewiesen.

Für die letzten Jahre sind die Ergebnisse der Eisenbahnverwaltung schwer darzustellen. Man könnte die Etatsansätze von 1914 und 1922 vergleichen; gegenüber einem Etat, für den man 1914 die Hauptbeträge der Eisenbahnverwaltungen aus den Etats der betreffenden Bundesstaaten zusammenstellt, zeigt der Reichseisenbahnetat für 1922 überaus scharf gestiegene Ausgaben und einen nicht unbeträchtlichen Fehlbetrag; ob aber die Etatzahlen von 1922 irgendwelchen Wert haben, läßt sich von außen kaum erkennen.

Aus den Reichshaushaltsrechnungen für 1920 und 1921 ergibt sich folgendes Bild (in Mill. B. M.):

	Post		Eisenbahn	
	1920	1921	1920	1921
Ordentlicher Haushalt				
Einnahme	340	548	1400	2250
Ausgabe	583	670	2350	2500
Zuschuß	243	122	950	250
Außerordentlicher Haushalt				
Einnahme	59	24	—	—
Ausgabe	66	90	130	340
Zuschuß	7	66	130	340
Gesamtbild				
Einnahme	399	572	1400	2250
Ausgabe	649	760	2480	2840
Zuschuß	250	188	1080	590
Zuschuß in vH. der Ausgaben	39 vH.	25 vH.	44 vH.	21 vH.

Einnahmen wie Ausgaben wurden jährlich umgerechnet. Reichspost wie Reichseisenbahn aber arbeiteten mit großen Vorschüssen. Wie sie verrechnet und »abgedeckt« wurden, läßt sich leider nicht erkennen. Rückschlüsse auf das Verhältnis von Gold-Einnahmen zu -Ausgaben lassen die Abschlußzahlen daher nur unvollkommen zu.

Die in der Tafel der Reichseinnahmen monatlich für Post und Eisenbahn umgerechneten Roheinnahmen liegen für das Jahr 1920, dessen Teuerung fast stabil war, sehr nahe bei den über Jahresdurchschnitt umgerechneten Istzahlen der Abrechnung; im Jahre 1921 aber stieg die Teuerung von 13 auf 36, die monatliche Umrechnung ergibt für die Einnahmen ein wesentlich ungünstigeres Bild:

	Post			Eisenbahn		
	1920	1921	1922	1920	1921	1922
Einnahmen bei jährlicher Umrechnung	399	572	—	1400	2250	—
Einnahmen bei monatlicher Umrechnung	395	502	339	1430	1980	2490

In 1922 hat die Post 339 Mill. und die Eisenbahn 2490 Mill. B. M. vereinnahmt, die erstere also erheblich weniger, die letztere nicht unerheblich mehr als im Vorjahr. Für 1923 ergeben die ersten sechs Monate: Post 82 Mill. und die Eisenbahn 638 Mill. B. M., das macht auf das Jahr umgerechnet 164 Mill. für die Post und 1276 Mill. für die Eisenbahn. Die Roheinnahmen betrugen also in beiden Fällen nur noch etwa die Hälfte des Vorjahres.

Die Eisenbahnverwaltung wurde ein selbständiges Unternehmen. Sie übernahm eine schwere Erbschaft. Mögen auch für die Ausgaben der Jahre 1923 und 1924 Unterlagen noch nicht vorliegen, so darf doch angenommen werden, daß Post und Eisenbahn auch weiterhin einen Zuschuß erfordern werden, so lange nicht die Ausgaben auf der ganzen Linie viel entschiedener als bisher eingeschränkt werden können. Daß in dem agrarischen Rest des Deutschen Reiches der Eisenbahnverkehr die Vorkriegshöhe auch nicht annähernd wieder erreichen wird, liegt klar zutage. Um so nachdrücklicher darf auf Lenin eingewiesen werden, der rücksichtslos Nebenstrecken aufriß und zweigleisige Strecken eingleisig machte, um nur keinen Pfennig ausgeben, d. h. neudrucken zu müssen.

Eine zeitlang deckte die Eisenbahn, ihr Monopol ausnützend, ihre Ausgaben durch überhohe Tarife sowie durch die Ausgabe von Notgeld. Ob die deutsche Wirtschaft trotz der ersteren wettbewerbsfähig bleibt, wird sich zeigen. Wenn vor dem Kriege Düngertarife usw. herabgesetzt, wenn der Export z. B. oberschlesischer Kohle zum Teil nur dank der Tarifpolitik möglich war, so wird auch eine private Eisenbahngesellschaft ähnliches Entgegenkommen zeigen müssen. Gerade um durch derartige Tarifpolitik die Wirtschaft zu stützen, war man zu dem einst vorbildlichen staatlichen Eisenbahnwesen übergegangen.

Bei der Postverwaltung liegen die Dinge zum Teil ähnlich wie bei der Eisenbahn. Auch dort wird der Betrieb auf die Ansprüche eines armen Landes eingestellt werden müssen.

Von Reichs wegen wird man einmal freundschaftliche »Betriebsmittelzuschüsse« vermeiden, andrerseits aber auch in der Besoldungspolitik (Nachzahlungen) sehr vorsichtig sein müssen, um die Eisenbahngesellschaft lebensfähig zu erhalten, so lange ihre Kräfte Beamtenbezüge erhalten.

4. Länder und Gemeinden.

Sollten 1871 die zum Reiche zusammentretenden deutschen Staaten ihre Finanzhoheit behalten und das Reich nur von Matrikularbeiträgen leben (Matrikularsystem)? Oder war es besser, die Reichsfinanzen so weit auszubauen, daß die Staaten die nötigen Gelder überwiesen bekamen (Überweisungssystem)? Oder galt es die Lösung zwischen den beiden Grenzfällen zu finden? Eine Fülle von Problemen, die im jungen Reiche wie in allen Bundesstaaten der Erde irgendwie entschieden werden mußten.

Es boten sich Bismarck verschiedene Vorbilder. In den meisten hatte der Bund über die Gliedstaaten ein so erhebliches natürliches Übergewicht, daß diese mehr Provinzen oder Verwaltungsbezirke als eigene Staaten waren. Daher finden wir das Überweisungssystem in Argentinien, Brasilien wie auch in der Schweiz. Im Deutschen Reiche aber galt es, Staaten mit jahrtausendalter Geschichte und verschiedenen Stämmen zu einen. Darum wählte Bismarck eine Form, die es nirgends gab: das Reich hatte zwar eine recht weitgehende Finanzhoheit und Steuerkompetenz; seine Steuern aber wurden von bundesstaatlichen Behörden verwaltet. So vermied er die in der Steuerverwaltung naturnotwendig vorkommenden Reibungen zwischen Reichs- und Landesbehörden, die sich selbst dann ergeben, wenn, wie in den Vereinigten Staaten, Bund und Gliedstaaten bis unten hinunter völlig getrennte Steuerapparate haben.

Weniger erfreulich als die Zusammenarbeit von Reich und Landesbehörden auf dem Gebiete des Steuerwesens war das Kapitel der Matrikularbeiträge[1]). Sie verkoppelten Reichs- und Länderfinanzen in wenig fruchtbringender Weise, da sie von den Bundesstaaten erhoben wurden, auch wenn das Reich sie gar nicht brauchte.

Je länger sich aber heute die Erzbergersche Reform auswirkt, desto schärfer zeigen sich die Gefahren des zentralistischen Systems. Vor allem ließ sich eines nicht erreichen, was die Grundvoraussetzung des Überweisungssystems ist und bleibt: es ergab sich als unmöglich, in den gegenwärtigen Zeitläuften die Finanzwirtschaft von 23 Ländern und 60000 Gemeinden von Reichs wegen so zu prüfen und zu leiten, wie es nötig war. Jetzt war ein guter Finanzminister oder Bürgermeister nicht mehr, wer seine Ausgaben zurückschraubte. Ihm erklärten seine Ressorts: »Du hast kein Geld? Schlage Lärm! Dann wirst Du schon etwas vom Reich bekommen.«

Die Finanzen von Ländern und Gemeinden tatsächlich zu durchblicken, dürfte aus statistischen Gründen fast unmöglich sein. In den Etats der kleinen Länder, z. B. Hamburg, finden sich Gemeindeaufgaben, welche in denen der größeren nicht erscheinen. Mittlere Staaten haben z. T. Aufgaben zu erfüllen, welche in größeren den Provinzen überlassen sind, so daß man auch deren Etats hinzuziehen müßte.

Für Reich und Länder ein Etatschema vorzuschreiben, was gelegentlich angeregt wurde, muß als bedenklich erscheinen, spiegelt doch das Etatschema die Struktur der Verwaltung wider.

---

[1]) Wir vergleichen dazu »Finanzen« S. 22.

Ein Staat von 2,5 Mill. Einwohnern wie Württemberg braucht weniger Ministerien als z. B. Preußen mit 36 Mill. Darum werden auch die Verwaltungsaufgaben zwischen den Ressorts verschieden verteilt sein[1]).

Auf dem finanziell ausschlaggebenden Gebiete, den Besoldungen, erstattete das Reich den Ländern und Gemeinden automatisch 75 vH. der Besoldungen (Besoldungszuschüsse). Zwei Gründe hatten es dazu gezwungen. Einmal wollten die Steuerüberweisungen nicht fließen, anderseits mußten Länder und Gemeinden de facto, auch ihren Gehaltszahlungen ohne Rücksicht auf ihre Finanzlage die Reichssätze zugrunde legen. Zu hoch zu gruppieren wurde ihnen zwar durch ein Sperrgesetz verboten. Praktisch aber gibt es Gemeindeschreiber in Oberregierungsratsgruppen und ähnliche merkwürdige Dinge, gegen die man trotz Erlassen und Sperrgesetz bisher nicht durchdringen konnte.

Wie die Besoldungszuschüsse die Reichsfinanzen belasten, beweist ein Blick auf die oben angegebenen Zahlen der Staats- und Gemeindebeamten. Darum versuchte das Reich mit aller Kraft, von den Besoldungszuschüssen wieder herunterzukommen. Sie werden mit dem 1. 4. d. J. verschwinden.

Als, vornehmlich im Herbst 1923, die überwiesenen Steuerbeträge infolge der Geldentwertung immer wertloser in die Kassen der Länder und Gemeinden gelangten, mußte das Reich diesen Kredite gewähren. Zunächst galt es, die von den Besoldungszuschüssen nicht gedeckten 25 vH. der Besoldungen vorzustrecken, so daß diese die Länder und Gemeinden gar nicht mehr belasteten. Darüber hinaus aber nahmen die letzteren Kredite für allgemeine Verwaltungszwecke auf, um damit auch ihre sächlichen Ausgaben zu decken. Länder und Gemeinden bekamen dadurch Mittel, wie sie sie aus Steuern kaum erwarten durften; stammten doch in 1923 auch von diesen Ausgaben des Reiches 83 vH. aus der Notenpresse. Daß keiner der Beteiligten an Verzinsung, geschweige denn Rückzahlung dachte, war bei der fortschreitenden Geldentwertung erklärlich. Verlangte das Reich Zinsen, so mußte man nach dem vor dem Kriege wohlbewährten russischen Anleihesystem bei ihm eine neue Schuld aufnehmen.

---

[1]) Vgl. Tafel 1 bis 4 der »Finanzen«.

5. Schuld und Tribute.

Kann man in einem so zerrissenen und gequälten Lande, wie es Deutschland heute ist, überhaupt noch etatisieren und eine Finanzwirtschaft treiben? Werden nicht die Tributausgaben jeden Plan umwerfen, so daß wir gar nicht erst anzufangen brauchen? Niemand, der je diesen Dingen beruflich nahe stand, wird bestreiten, daß man solche Fragen stellen kann und stellen muß. Hier scheint ein »Unmöglich« zu stehen. Wer sich scheut, diesen Aufgaben energisch zu Leibe zu rücken, gehört nicht an die Spitze. Ohne Hilfe von Ländern und Gemeinden kann auch ein mutiger Reichsfinanzminister nicht durchdringen.

Wir müssen uns über eins endlich ganz klar werden, mag es uns auch sehr bitter sein: jede Niederlage zerstört die Finanzen des geschlagenen Volkes. Unsere Finanzen wären schlecht, selbst wenn wir keine Tribute zu leisten gehabt hätten. Auch in Rußland liegt die Finanzwirtschaft noch völlig darnieder.

Gewiß bringen die Tribute in den deutschen Staatshaushalt ein Moment der Unsicherheit. Wenn es aber nur das einzige wäre, so wären wir auf gutem Wege. Denn daß den Tributausgaben Schulden werden gegenübertreten müssen, wird niemand bestreiten, auch wenn man über die mögliche Höhe dieser Schulden verschiedener Ansicht ist. Geld aber bekommt immer nur der, dem der Geldgeber geordneten Zinsendienst zutraut. Dafür müssen gewisse Mittel offensichtlich verfügbar sein. Wo aber sind im Haushalt des Reiches verfügbare Mittel?

Niemand kennt die Einnahmen des Reiches, — wir werden von diesem Punkte noch zu sprechen haben — und niemand kennt seine Ausgaben. Nur eins wissen wir alle, daß beide sich nicht decken. Die innerdeutschen Ausgaben aber müssen zunächst einmal durch wirkliche Einnahmen getragen werden, was ohne rücksichtslose Abstriche nicht gehen wird. Dann können wir über Tribute verhandeln und über Schulden.

6. Die Gesamtausgaben des Reiches.

Alle kriegführenden Staaten haben während des Krieges ihren Aufgabenkreis erheblich erweitert. Wir Deutsche mußten noch mehr als andere unsere Kräfte zusammenfassen, waren wir doch ganz auf uns selbst gestellt. Die anderen bauten nach dem Kriege die neuen Staatsaufgaben rücksichtslos wieder ab (England, Italien). Bei uns sollten, wie in allen Revolutionsländern und -zeiten, noch weitere Aufgaben vom Staate gelöst werden.

So werden wir uns fragen müssen: können wir als armes und geschlagenes Volk den gegenwärtigen Staatsaufwand auf die Dauer tragen? Lassen sich die Steuerbeträge so weit steigern, daß die Notenpresse nicht wieder zu arbeiten braucht? Wie groß ist denn überhaupt der deutsche Staatsaufwand?

Wir haben früher[1]) versucht, diese Frage theoretisch zu klären, indem wir einem „Herrn Jedermann" in Berlin sein Kontokorrent mit den deutschen Verwaltungsbehörden aufmachten und feststellten, was das Reich, Preußen und Berlin nach ihren Voranschlägen für 1914 und 1922 von ihm vereinnahmen oder für seine Rechnung verausgaben wollten. Was dort für einen Berliner Bürger errechnet wurde, läßt sich aber leider weder mechanisch auf das ganze Reich verallgemeinern noch überhaupt ausweiten: Reich, Länder und Gemeinden können ihre Goldausgaben nicht mit der für eine brauchbare Unterlage nötigen Genauigkeit angeben, solange die Fragen des Finanzausgleiches wie der Aufgabenscheidung nicht geklärt sind. Auch mit den Papiermarkziffern der letzten Etats wird kaum etwas anzufangen sein. So werden wir über den Verwaltungsaufwand von Ländern und Gemeinden haltbare Zahlen nicht ermitteln können.

Wohl aber läßt sich ein anderer Weg gehen: Länder und Gemeinden haben in den letzten Jahren ihre Fehlbeträge in keinem nennenswerten Umfange durch eigene Anleihen decken können. Sie mußten das Reich um Mittel angehen, sei es, daß es freiwillig zahlte (Besoldungszuschüsse), sei es, daß es sich von Fall zu Fall nötigen ließ (Reichskredite verschiedener Art). In den Ausgaben des Reiches erscheinen also neben den an Länder und Gemeinden überwiesenen Steueranteilen und Besoldungszuschüssen auch die aus Reichskrediten gedeckten Ausgaben und Fehlbeträge. Von dem deutschen Verwaltungsaufwand fehlen demnach nur die von Ländern und Gemeinden aus

---

[1]) Finanzen S. 35 ff.

eigenen Steuern oder Betriebsüberschüssen gedeckten Ausgaben. Auch Provinzen und Kreise erscheinen mit ihren persönlichen Ausgaben unter den Besoldungszuschüssen des Reiches; ihre übrigen Ausgaben decken sich durch Dotationen und andere Zuschüsse der Länder, die unter deren Staatsaufwand bereits mit enthalten sind, oder durch Kreis- und Provinzialsteuern, die über die Etats der sie erhebenden Gemeinden laufen.

Die Gesamtausgaben des Reiches dürften demnach den entscheidenden Teil der deutschen öffentlichen Verwaltungsaufgaben mit umfassen. Sie lassen sich auf zwei Arten feststellen, indem man entweder die Beträge der »Allgemeinen Rechnungen über den Reichshaushalt« umrechnet — diese liegen bis 1921 vor — oder die Ausgaben nach den »Monatlichen Berichten über die Einnahmen« feststellt. In Tafel 6 der »Finanzen« finden sich die Ergebnisse der zweiten Methode (vgl. auch Tabelle 4). Die in Binnenmark umgerechneten Schlußziffern der Rechnungen 1920 und 1921 stimmen mit ihnen weitgehend überein. Beide Methoden ergaben als Gesamtausgaben dieser beiden Jahre Beträge zwischen 12 und 13 Milld. B. M.

An Hand der Monatsübersichten ergaben sich als Gesamtausgaben des Reiches (vgl. Tabelle 4):

	Gesamtausgaben	davon aus der Notenpresse	= vH. der jeweiligen gesamten steuerlichen Einnahmen
in 1920. . . .	12,3 Milld.	5,7 Milld.	188 vH.
in 1921. . . .	12,7 „	4,7 „	127 „
in 1922. . . .	10,5 „	6,0 „	162 „
1. Halbj. 1923 .	10,0 „	8,3 „	830 „

Hätten also die Ausgaben der letzten Jahre statt aus der Notenpresse aus Reichssteuern gedeckt werden müssen, so hätten wir in 1920—1922 das 1,3—1,7fache der bereits geleisteten Reichssteuern nachzahlen, im ganzen also das 2,3—2,7fache unserer tatsächlichen Leistung aufbringen müssen. Im ersten Halbjahr 1923 war der Fehlbetrag 8,3mal so groß wie die Summe der steuerlichen Einnahmen; diese hätten also 9,3mal aufkommen müssen.

Derartige Ausgaben waren und sind aus laufenden Mitteln nicht aufzubringen. Auch Anleihen füllen solche Löcher nicht.

Tabelle 4: Die monatlichen Einnahmen

nach den Monatsberichten.

	I. Steuerliche										
	A. Besitz- und Verkehrssteuern										
	Einkommensteuer	1)	Körperschaftssteuer	Kapitalertragssteuer	Erbschaftssteuer	Umsatzsteuer	Grunderwerbssteuer	Gesellsch.-Vertragssteuer	Börsenumsatzsteuer	Einmalige Steuern	Summe A
1919											
Soll	—		.	.	30	370	—	19	18	—	?
Ist	—		.	.	25	184	10	24	30	334	842
Ist = % des Soll	—		.	.	**84**	**50**	—	**130**	**170**	—	.
1920											
Soll	1000		82	120	55	330	20	6	9	400	2400
Ist	815		0,4	75	24	352	46	75	32	434	2782
= % des Soll	**82**		**0,5**	**62**	**44**	**110**	**230**	**1200**	**350**	**110**	**120**
1921											
Soll	950		83	110	49	420	39	—	—	160	2180
Ist	1310		81	85	34	601	35	98	90	320	3425
= % des Soll	**140**		**98**	**77**	**68**	**145**	**90**	—	—	**200**	**160**
1922											
Soll	1300		230	87	40	1400	31	61	61	170	4000
Ist	992		36	22	10	510	10	34	13	14	1856
= % des Soll	**76**		**16**	**26**	**25**	**36**	**31**	**56**	**22**	**10**	**46**
1923											
Soll	900		36	18	5,7	850	7,2	38	36	—	2400
ist:											
April	80	63	1,6	0,3	0,2	96	0,2	2,3	5,8	0,1	170
Mai	100	56	3,3	0,2	0,3	82	0,3	2,1	7,3	0,04	210
Juni	55	45	2,3	0,08	0,3	13	0,3	1,7	6,9	0,02	84
Juli	28	26	2,1	—	0,1	22	0,1	0,7	4,0	—	59
August	38	22	9,0	0,016	0,02	5,2	0,03	0,2	1,3	52 2)	110
September	16	14	0,7	0,002	0,012	2,4	0,028	0,43	1,2	44	65
1. Halbjahr	317	226	19,0	0,6	0,73	221	0,96	7,0	27	96	480
= % des Jahressoll	**32**	.	**52**	**3,3**	**13**	**26**	**2,7**	**18**	**75**	.	**32**
Oktober 3)	5,1	4,2	0,2	0,0	0,005	0,61	0,03	0,09	0,27	10	17
November	6,9	6,4	0,2	0,0	0,09	2,2	0,16	0,35	7,6	8,9	27
Dezember	27	25	0,4	0,0	0,04	35	0,27	1.0	11	108	180

Die Zahlen für 1919—1922 sind der Tafel 6 der »Finanzen« entnommen; die steuerlichen Einnahmen zugrunde gelegten Stichmonate an; die Istzahlen sind

1) Davon Lohnsteuer. — 2) Rhein-Ruhrabgabe. — 3) Die Umrechnung der Monate Oktober—November ist vor allem auch für die Betriebsverwaltungen fast unmöglich.

und Ausgaben des Reichs 1919—1923

In Millionen Binnenmark.

Einnahmen									Gesamtbild		
B. Zölle und Verbrauchssteuern					C. Ausfuhrabgaben	Summe I Steuerl. Einnahmen	II. Post- u. Telegr. Verwaltung	III. Eisenbahn-Verwaltung	Gesamt-Einnahm. I-III	Aus der Notenpresse	Gesamt-Ausgabe
Zölle	Kohlensteuer	Tabaksteuern	Getränkesteuern	Summe B							
43	300	170	92	?	—	5300	520	.	5800	16 000	21 800
193	250	163	124	841	73	1725	422	1340	3480	7 600	11 060
450	**84**	**93**	**140**	.	.	**32**	**81**	.	**60**	**47**	**50**
225	400	90	48	820	63	3200	420	1350	4900	7 700	12 600
185	408	168	80	813	194	3870	395	1430	5700	6 630	12 330
82	**102**	**190**	**165**	**99**	**310**	**120**	**94**	**105**	**115**	**83**	**98**
200	350	140	57	840	55	3075	420	2200	5700	3 700	9 400
300	338	212	76	950	132	4500	502	1980	6940	5 710	12 650
150	**97**	**150**	**130**	**110**	**240**	**150**	**120**	**90**	**120**	**155**	**135**
400	580	200	100	1400	46	6100	1200	5700	14 000!	12 700	26 000
202	328	125	26	732	291	2900	339	2490	5 740	4 030	10 500
50	**55**	**63**	**26**	**52**	**630**	**48**	**28**	**43**	**41**	**40**	**40**
270	2000	88	27	2600	240	5200	880	4600	10 680	.	.
22	40	11	1,8	75	11	250	19	157	430	690	1120
35	34	12	1,8	83	9,2	300	21	145	470	390	860
18	8,6	11	1,4	42	8,6	140	18	115	270	2100!	2400
12	3,2	6,8	0,6	25	3,5	88	8,4	65	160	770	930
7,5	0,65	5,0	0,13	14	5,7	130	8,5	76	220	1700	1920
3,8	0,77	3,5	0,44	9	1,7	76	8,1	70	150	2600	2750
98	87	49	6,1	248	40	988	83	638	1700	8250	10 000
36	**44**	**56**	**23**	**10**	**17**	**19**	**9,3**	**14**	**16**	.	.
3,3	0,2	1,4	0,1	5,2	0,0	22	} 12	90	125	1600[4])	1725
3,8	0,1	4,8	0,4	12	0,0	39		180	232	1000	1232
2,9	0,8	4,6	3,0	19	46	208	} 26	200	421	1200[5])	1621

Sollzahlen geben den Binnenmarkwert nach dem für die Etatisierung der die Summen der monatlich umgerechneten Eingänge nach den Monatsberichten.

[4]) Die Einnahmen aus der Notenpresse wurden dekadenweise umgerechnet. — [5]) Rentenmarkkredite; die verausgabten wertbeständigen Geldarten, auch eine Einnahmequelle, ließen sich leider nicht ermitteln.

Wir haben als Kinder der Papiermarkzeit das Gefühl für Größenverhältnisse leider etwas verloren. Einige Anleihezahlen der preußischen Geschichte dürften daher willkommene Anhaltspunkte sein:

Preußen hat selbst in den Jahren 1879—1884, als es sein Eisenbahnnetz durch Käufe ausweitete, im Jahresdurchschnitt kaum mehr als je 1 Milld. G. M. festgelegt. In den neun Jahren stärksten Ausbaues (1890—1899) hat Miquel insgesamt noch nicht einmal 800 Mill. aufgenommen.

In der furchtbaren Finanznot der Jahre 1806—1815 hat der preußische Staat im ganzen 500 Mill. M. Schulden aufgenommen; sie wurden aus den Erträgen der Domänen und Forsten verzinst und bis 1899 abgetragen. Selbst wenn man annimmt, daß das heutige Deutsche Reich viermal so groß ist wie das damalige Preußen, so würden sich 2 Milld. M. Schuld ergeben.

Dem Reiche aber fehlten in $4^1/_2$ Jahren über 30 Milld. M.!

7. Die Gesamteinnahmen des Reiches.

Jedes der letzten Jahre brachte in der öffentlichen wie privaten Wirtschaft das beliebte „Mehr gegen das Vorjahr". Leider aber wuchs das „Mehr" auf der Ausgabenseite immer noch stärker und schneller. Wir haben auf Tafel 6 der „Finanzen" den Schleier von den „wachsenden" steuerlichen Einnahmen genommen und ihren beängstigenden Rückgang erkannt.

Sie betrugen:

in 1920	3,87	Milliarden Binnenmark
in 1921	4,50	„ „
in 1922	2,90	„ „
1. Halbj. 1923 . . .	0,99	„ „

Tabelle 4 zeigt weiter, wie alle Steuern von Monat zu Monat immer weniger brachten. Gewiß können für Oktober und November Fehler darin liegen, daß sich die Eingänge nicht ganz gleichmäßig auf den ganzen Monat verteilen, dessen Durchschnittsteuerung zugrunde gelegt wird. Für wöchentliche Umrechnungen reichen die Unterlagen aber leider nicht aus. Für die Monate April bis September dürften sich Abweichungen nicht ergeben. Wir betrachten im folgenden nur diese Zeit, da die späteren Monate heute noch nicht ausgewertet werden können.

Die Einkommensteuer, als erste der vier Hauptsteuern, brachte

in 1920 . . .	815	Mill.	B. M.	gleich	74	v. H.	der Einkommensteuer von 1913
in 1921 . . .	1310	„	„	„	118	„	„ (1,1 Milld. G. M.)
in 1922 . . .	992	„	„	„	91	„	„
im 1. Halbj. 23	317	„	„	„	29	„	„

Monatlich brachte die Einkommensteuer im Deutschen Reich vor dem Kriege fast 100 Mill. G. M. In 1921 betrug der Monatsdurchschnitt etwa 110 Mill. B. M., in 1922 83 Mill.; im ersten Halbjahr 1923 aber fiel der Ertrag von 100 Mill. B. M. im Mai auf 38 im August, 16 im September.

Die Reichseinkommensteuer kam ursprünglich zum Teil in Marken, zum Teil in bar auf. Das Markenaufkommen entsprach etwa der Lohnsteuer; die Unternehmer aber gingen mehr und mehr zur Barabrechnung über, so daß die Scheidung von Bar- und Markenaufkommen heute nur noch eine kassenmäßige Bedeutung hat. Die Marken werden von der Post verkauft, über den Erlös kann das Reich also sofort verfügen, während das Baraufkommen zum Teil erst von den Gemeinden abgeliefert werden muß.

Die Lohnsteuer hatte in 1922 im Monatsdurchschnitt 50 bis 60 Mill. B. M. betragen. In 1923 sank sie von 63 Mill. B. M. im April auf 14 Mill. im September. Dieser Rückgang kann drei Gründe haben. Einmal können fällige Beträge durch die Geldentwertung zusammengeschrumpft sein, was trotz der kurzen Ablieferungstermine der Lohnsteuer in jenen Monaten eine erhebliche Rolle gespielt haben dürfte. Anderseits sind die Löhne selbst in ihrem Realwert kleiner geworden (schlechter Geschäftsgang, Arbeitsstreckung und Arbeitslosigkeit in großem Umfange).

Schließlich muß mit größter Aufmerksamkeit verfolgt werden, wie sich die Ermäßigungen beim Lohnabzug auswirken; er beträgt theoretisch 10 vH., praktisch durch die Ermäßigungen schwankend 6 bis 9 vH.; in den letzten Monaten aber scheinen die Ermäßigungen sehr stark gesteigert worden zu sein, so daß der tatsächliche Abzug wesentlich weniger betragen haben dürfte.

Die Einkommensteuer der nicht Lohnsteuerpflichtigen (veranlagte Einkommensteuer) brachte in 1922 im ganzen Jahre

337 Mill. B. M. = 34 vH. des Gesamtaufkommens an Einkommensteuer oder monatlich 25 bis 30 Mill. B. M. In 1923 kamen im April und Mai infolge der aufgewerteten Vorauszahlungen erhebliche Beträge ein (17 und 44 Mill. B. M.), die folgenden Monate aber zeigen den gleichen Rückgang wie die Lohnsteuer; die Erträge schwanken je nach den Vorauszahlungsterminen sehr stark:

Juni	10	Millionen Binnenmark
Juli	2	" "
August	16	" "
September	2	" "

Zölle und Ausfuhrabgaben, der zweite Pfeiler des Erzbergerschen Steuersystems, brachten:

in 1920	380	Millionen Binnenmark
in 1921	432	" "
in 1922	493	" "

Im ersten Halbjahr 1923 brachten beide Steuerquellen von Monat zu Monat weniger, und zwar zusammen 98 + 40 = 138 Mill. B. M. oder 28 vH. des Vorjahres. Die Ausfuhrabgaben gingen besonders scharf zurück.

Die Umsatzsteuer, der dritte Pfeiler, hatte in den letzten Jahren recht erhebliche Beträge gebracht:

in 1920	352	Millionen Binnenmark
in 1921	601	" "
in 1922	510	" "

Im ersten Halbjahr 1923 betrug sie zwar 221 Mill. B. M., davon stammten aber $^4/_5$ aus April und Mai (86 + 82 Mill. B. M.), so daß der Rückgang auf 2,4 Mill. im September noch ausgeglichen wurde.

Die Kohlensteuer, der vierte und letzte Pfeiler, brachte:

in 1920	408	Millionen Binnenmark
in 1921	338	" "
in 1922	328	" "

In 1923 kamen in April und Mai noch ganz namhafte Beträge auf (40 und 34 Mill.), im September, infolge der Ausfälle im Rhein-Ruhrgebiet, aber nur noch 0,8 Mill., also kaum mehr als aus der Körperschaftssteuer.

Wie diese vier Hauptsteuern versagten auch die vielen kleinen Steuern des Reiches, von denen eine Anzahl eingestellt wurden, weil sie ihre Erhebungskosten nicht mehr einbrachten.

Unter den einmaligen Steuern erscheint die Rhein-Ruhrabgabe. Sie brachte im August 52 Mill., also fast das Anderthalbfache der Einkommensteuer, und im September 44 Mill. oder das $3^3/_4$fache der Einkommensteuer oder fast 60 vH. der gesamten steuerlichen Einnahmen des September. Leider aber handelt es sich bei dieser einzigen wirklich fließenden Steuer nur um eine vorübergehende Einnahme.

Neben den Steuern weisen die Monatsberichte die Roheinnahmen von Eisenbahn und Post aus. Wir untersuchten sie bereits und mußten feststellen, daß sie die eigenen Betriebsausgaben kaum gedeckt haben dürften. Die Ausgaben des Reiches aber wuchsen, unbekümmert darum, ob Mittel hereinkamen. So mußte die Notenpresse arbeiten.

8. Die Notenpresse.

Das Reich hat, wie wir in den »Finanzen« feststellten, mit neuen Noten aus unserem Markte geholt:

in 1919	7,60	Milliarden	Binnenmark
„ 1920	6,63	„	„
„ 1921	5,71	„	„
„ 1922	4,73	„	„

Der Ertrag dieser Geldsteuer ging also stetig von Jahr zu Jahr zurück. Man hätte schließen können, daß hier ein wirtschaftliches Gesetz vorlag: In einem verarmenden Lande bringt die Notenpresse immer weniger.

Die Ergebnisse des ersten Halbjahres 1923 aber zeigen, daß wir dieser Steuerquelle mit solchem Gesetz ein völlig unberechtigtes Mißtrauen entgegengebracht hätten. Sie brachte in dieser Zeit 8,3 Milliarden B. M. und deckte 83 vH. der gesamten Reichsausgaben. 8,3 Milliarden im halben Jahre aber sind 2,1 mal so viel, wie wir im ganzen Jahr 1913 an Steuern aufgebracht haben, also das 4,2fache der damaligen Halbjahrsleistung[1]).

In nur zu frischer Erinnerung sind uns allen noch die entsetzlichen Zuckungen, unter denen der durch die Ruhrbesetzung erheblich verkleinerte deutsche Markt diese Werte hat hergeben müssen. Uns alle hat die Notenpresse besteuert, wenn sie die Preise trieb, so daß über Nacht unsere Geldscheine den halben

[1]) »Finanzen« S. 43: 3,87 Milld. M.

Wert verloren. Der größte Inflationsgewinnler aber bleibt das Reich, das in $4^1/_2$ Jahren ohne irgendein Risiko über 30 Milliarden Binnenmark oder das 15fache seiner steuerlichen Friedenseinnahmen[1]) aus unserem Markte holte.

Diese fortgesetzte Geldverschlechterung hat auch die Reichsfinanzen mit sich hinabgerissen. Selbst eine Umrechnung der Einnahmen und Ausgaben in Binnenmark kann uns keinen Überblick über die Steuerkraft unseres Volkes mehr geben; denn die Notenpresse vermehrte das Aufkommen von Reichssteuern nicht nur in Papier, sondern auch nach ihrem Goldwert:

Von den 8,3 Milliarden Binnenmark, dem Ertrage des ersten Halbjahrs 1923, ging ein Teil an die Ruhr, der übergroße Teil aber wurde für Gehälter und ähnliche Reichsausgaben verwandt. 100 Millionen Gehälter aber bringen, bei einem Lohnabzug von 8 bis 9 vH. 8 bis 9 Millionen Binnenmark als »Ertrag« der Einkommensteuer. Wären von den 8,3 Milld. B. M. nur bei 4 Milld. je 8 vH. als Lohnabzug einbehalten worden, so hätte das Reich 320 Millionen B. M. als Einkommensteuer »vereinnahmt«, also ihren ganzen in dieser Zeit aufgekommenen Betrag (317 Mill. B. M.).

Seitdem die Notenpresse stillgelegt ist, haben sich nicht nur die Wirtschaftslage und damit auch die Steuerkraft erheblich geändert, sondern auch einzelne Steuern, die eng mit der Notenpresse zusammenhängen, konnten zurückgehen, ein Moment, das Schätzungen außerordentlich erschwert. Wir aber brauchen eine klare Antwort auf die entscheidende Frage der deutschen Finanzwirtschaft: Mit welchen Einnahmen können wir in Zukunft rechnen? Klein werden sie sein; zu klein aber, d. h. kleiner als die Ausgaben, dürfen sie nicht wieder werden.

Darum werden wir den heutigen übergroßen Verwaltungsapparat auf ein tragbares Maß einschränken müssen. Daß wir ihn weiter schleppen und dafür Domänen, Forsten, Eisenbahn und andere staatliche Vermögenswerte verschleudern, dürfte so schwer zu verantworten sein, daß sich über diese Möglichkeit wohl kein Streit erheben wird.

Ebenso wenig werden wir mit den Einschränkungen warten dürfen, bis am nächsten 1. April, wenn das neue Etatsjahr mit einem Goldetat beginnt, die Steuern plötzlich überreichlich fließen,

---

1) »Finanzen« S. 43: 1,96 Milld. M.

ein Ereignis, das vielfach als eine Art Wunder erwartet wird. Der Goldetat aber hat leider mit Goldeinkünften wenig zu schaffen.

Noch heute gilt das Wort des alten Lao-tse: »Die Völker sind arm, weil die Oberen zuviel Steuern fressen.« Hätte er gesehen, wie man mit der Notenpresse Geld erpreßt, er hätte sich wohl noch schärfer ausgedrückt.

9. Der Aufgabenkreis des Reichsfinanzministers.

Das Reichsfinanzministerium besteht aus 510 planmäßigen Beamten, 230 außerplanmäßigen und 292 Angestellten. Diese 1032 Köpfe entsprechen 12 Kompanien von je 86 Köpfen. Auf jeden der drei Staatssekretäre würden also vier Kompanien oder 334 Köpfe entfallen. Wer Behörden kennt, weiß, daß schon bei 150 Köpfen eine einheitliche Leitung schwierig wird, da sich die mannigfaltigen Aufgaben des Verwaltungslebens nicht so einfach befehlen lassen wie der Regimentsverband auf dem Exerzierplatz.

Um abschließend den gesamten Geschäftsbereich des Reichsfinanzministers zu erkennen, öffnen wir das »Handbuch für das Deutsche Reich«:

Abteilung I (Etatsabteilung)[1].

1. Haushaltswesen des Reiches, insbesondere Aufstellung und Ausführung des Reichshaushaltsplanes und der Einzelhaushalte;
   Finanzentwürfe (Anleihegesetze);
   Mitwirkung bei gesetzlichen und sonstigen Maßnahmen der Reichsressorts, soweit sie finanzielle Folgen haben;
   Rechnungs- und Kassenwesen des Reiches;
   Überwachung der Geldbewegung und der Kassenführung;
   verfassungsmäßige Rechnungslegung gegenüber den gesetzgebenden Faktoren;
   Vereinfachung und Verbilligung der Reichsverwaltung.
2. Beamtenbesoldungswesen einschl. Ortsklasseneinteilung;
   Tarifliche Regelung der Lohn- und Arbeitsbedingungen der Arbeiter und Angestellten des Reiches;

[1]) Wir versuchten, innerhalb der Abteilungen Ausgabegruppen zusammenzufassen.

Hinterbliebenen- und Militärversorgung;
Teuerungs- und sonstige Zulagen;
Fürsorge für Beamte in und aus den abgetretenen und besetzten Gebieten;
allgemeine Flüchtlingsfürsorge;
Tagegelder, Reise- und Umzugskosten;
Beamtenkredithilfe.

3. Abteilung I ist außerdem oberste Behörde für die Abwicklung des alten Heeres und der alten Marine.

Abteilung Ia (Verkehrsabteilung).

Verkehrsfragen aller Art in finanzieller Hinsicht.
Haushalte der Reichseisenbahnverwaltung,
der Reichspostverwaltung,
der Reichsdruckerei,
der Reichswasserstraßen und
des Luft- und Kraftfahrwesens;
Haushalt des Rechnungshofes des Deutschen Reiches;
allgemeine Angelegenheiten des Haushaltsrechts.

Abteilung Ib (Auslandsabteilung).

Allgemeine Angelegenheiten des Auslandes;
Auslandsarchiv;
Haushalte des Auswärtigen Amts,
des Reichsministeriums für Wiederaufbau;
Abwicklung des früheren Reichskolonialministeriums und der früheren Schutzgebiete;
Haushalt des allgemeinen Pensionsfonds;
Regelung der Kriegsschäden, insbesondere Mitwirkung bei Inlands-, Personen-, Auslands-, Kolonial- und Verdrängungsschädengesetzen sowie des Tumultschädengesetzes;
Angelegenheiten der für die Auslands- und verdrängten Deutschen errichteten Darlehenskassen sowie der Flüchtlingsfürsorge für nicht beamtete Personen;
einzelne Abschnitte des Beamtenrechts;
Angelegenheiten der Beamten- und Militärversorgung;
Auseinandersetzungen zwischen Reich und Ländern aus Anlaß der Kriegsfolgen.

Abteilung II (Zollabteilung).

1. Gesetzgebung und oberste Verwaltung auf dem Gebiete der Zölle und Verbrauchsabgaben (Tabak-, Zucker-, Salz-, Bier-, Wein-, Schaumwein-, Mineralwasser-, Kohlen-, Zündwaren-, Leuchtmittel- und Spielkarten-Steuer sowie Essigsäureverbrauchsabgabe);
   Branntweinmonopol und Süßstoffgesetz;
   Beteiligung bei der Zoll- und Handelspolitik;
   Durchführung der Ein- und Ausfuhrkontrolle;
   Erhebung der Ausfuhrabgaben;
2. Allgemeine Kassen-, Rechnungs-, Bau- und Beamtensachen für den gesamten Bereich der Reichsabgabenverwaltung;
   Personalien, Organisation und allgemeine Verwaltungsgeschäfte, Beamten-, Kassen-, Rechnungs- und Bausachen für den Bereich der Verwaltung der Zölle und Verbrauchsabgaben.

Abteilung III (Steuerabteilung).

Gesetzgebung und oberste Verwaltung auf dem Gebiete des Besitz-, Umsatz- und Verkehrssteuerwesens des Reiches;

Finanzausgleich mit Ländern und Gemeinden;

Steuer- und Kapitalflucht;

Organisation und Bausachen für das gleiche Gebiet;

Personalien und Angelegenheiten der Beamten und Angestellten;

Haushaltsangelegenheiten für Reichsfinanzhof, Landesfinanzämter (Präsidien und Abteilungen I), Finanzämter und Oberfinanzkassen;

Aufsicht über den Buch- und Betriebsprüfungsdienst der Reichsfinanzverwaltung;

Steuerausgleichsstelle.

Abteilung IV.

Reichsbauverwaltung.

Abteilung V.

1. Finanzielle Fragen der Ausführung des Friedensvertrages und seiner Vorverträge insbesondere:

a) Reparation, Restitutionen, Abrüstung, Schadensansprüche von Angehörigen ehemals feindlicher Staaten aus außerordentlichen Kriegsmaßnahmen der deutschen Regierung, Vorkriegsverträge, Ausgleichsverfahren, Kriegslastenkommission;

b) Entschädigung von Reichsangehörigen;

c) staatsfinanzielle Auseinandersetzung bezüglich der abgetretenen Gebiete, finanzielle Angelegenheiten des Saargebietes;

d) Haushalt für die Ausführung des Friedensvertrages;

2. Finanzielle Erledigung der Verträge mit den ehemaligen Verbündeten;
Finanzabkommen mit Rußland;
Finanzielle Angelegenheiten mit Polen;
Ukraine;

3. Finanzielle Fragen von grundsätzlicher Bedeutung in Ernährungsangelegenheiten und in der Ein- und Ausfuhr;
Devisenbeschaffung;
Währungs- und Valutafragen;
Münz-, Börsen-, Bank-, Anleihe- und Schuldenwesen;
Erfassung ausländischer Wertpapiere;
Haushalt der Reichsschuld;
Finanzielle Fragen der Wiederherstellung der deutschen Handelsflotte und der Binnenschiffahrt;
Sozialisierungsfragen von allgemeiner finanzieller Bedeutung.

Auf allen diesen Gebieten muß der Reichsfinanzminister ein eigenes Urteil haben, denn er soll neue, sachlich und politisch gangbare Richtlinien angeben. Neben seiner Verwaltungstätigkeit aber braucht er die zweite Hälfte des Tages für Kabinetts-, Fraktions-, Reichstags- und Reichsratssitzungen.

Wo ist der Mann, der diese Arbeit leisten kann? Wird er aber ihrer nicht Herr, so verfällt er dem Übel jeder Wasserkopfbehörde, der geheimen Räte-Diktatur.

III. Der Richtetat.

1. Dollar oder Binnenmark?

Seit dem Kriege mußten wir Deutschen den Dollar überzahlen, da wir ihn nötiger brauchten als die Amerikaner unsere Papiermark. In den letzten Monaten des Jahres 1923 stand er meist 2- bis 3mal so hoch wie die innerdeutsche Teuerung. Solange diese Spanne zwischen innerdeutscher Teuerung und Dollarmeßziffer besteht, müssen die Begriffe »Dollargoldmark« und »Binnenmark« scharf geschieden werden. Leider werden beide oft abwechselnd mit »Goldmark« bezeichnet.

Seit der Stabilisierung fiel diese Spanne fort; ja die Dollarmeßziffer sank unter die innerdeutsche Teuerung. Zur Aufstellung von Goldetats aber werden wir die Goldzahlen der letzten Jahre heranziehen müssen. Sie dürfen nur nach der inneren Teuerung umgerechnet werden. Wir wählten in den »Finanzen« wie auch hier den Ernährungskostenindex des Statistischen Reichsamtes (vgl. S. 47).

Die Gefahr eines Goldetats liegt heute nicht mehr im Währungspolitischen, sondern darin, daß die Ressorts zwar gern Dollargoldausgaben leisten werden; daß aber künftig auf die Einnahmen ein ganz anderes Gewicht wird gelegt werden müssen wie bisher. Die Finanzverwaltung muß wieder Wege finden, die Kontrolle der Ausgaben in der Hand zu behalten, welche ihr unter der Papiermarkwirtschaft völlig verlorengegangen ist. Darum wird in dem neuen Etat das Mißverständnis grundsätzlich zu vermeiden sein, als handle es sich bei den Ausgaben um Beträge, die unabhängig von den Einnahmen verwendet werden dürfen.

Der neue Etat soll nicht Ausgaben bewilligen, sondern als Richtetat dienen. Wer aber kann ihn aufstellen?

2. Die deutsche Steuerkraft.

In den deutschen Etats werden Ausgaben und Einnahmen künftig wieder in das notwendige Gleichgewicht gesetzt werden müssen. Die Finanzverwaltung soll weder Überschüsse herauswirtschaften, noch jährliche Fehlbeträge erzielen, sondern haushalten. Daß der Staat seine Einnahmen nach seinen Ausgaben zu richten habe, ist leider nur halb wahr, denn die Grenze der Einnahmen und damit auch der Ausgaben ist die Steuerkraft der Bürger. Wir haben diese Grenze überschritten. Wenn wir aber unseren Verwaltungsaufwand mit unserer Steuerkraft in Einklang bringen wollen, so müssen wir zunächst diese festzustellen suchen.

Um für die Goldetats Einnahmeziffern zu gewinnen, könnte man versuchen, bei Steuerschätzungen von 1913 auszugehen und mit Verelendungsfaktoren zu arbeiten. Wir möchten glauben, daß es fast unmöglich ist, nicht nur die finanzielle Auswirkung der völlig veränderten Steuersätze abzuschätzen, sondern vor allem auch einen Verelendungsfaktor festzulegen, da weder über die Realhöhen der gegenwärtigen Löhne noch über den Rückgang des Geschäftslebens für derartige Steuerschätzungen ausreichende Unterlagen vorhanden sind. Der Verelendungsfaktor müßte frei gegriffen werden; auf Stimmungszahlen aber kann man keine Etats aufbauen.

Tabelle 3 zeigt, wie sich in den letzten Jahren die tatsächlich aufgekommenen Binnenmarkbeträge zu den Ansätzen des Reichsetats verhielten. In 1920 kam 120 vH. der veranschlagten gesamten steuerlichen Einnahmen auf, in 1921 150 vH., in 1922 aber nur 48 vH. und im ersten Halbjahr 1923 19 vH. (statt 50 vH.).

Wenn das Reich sich früher in seinen Steuern verschätzte — auch vor dem Kriege konnten gewisse Ausfälle eintreten —, so war daran niemand weiter beteiligt. Heute aber werden die Zahlen des Reichsetats sämtlichen deutschen Haushaltsplänen zugrunde gelegt, denn Länder und Gemeinden müssen ihre Anteile an Reichssteuern nach den Ansätzen des Reiches errechnen. Wenn die erschätzten Steuern nicht einkommen, sind sämtliche deutschen Etats falsch, denn sie haben mit zu großen Steuerüberweisungen gerechnet.

Die Verantwortung für einen einzigen deutschen Etat zu tragen, ist gerade genug. Wer aber will sie für sämtliche deutschen Etats übernehmen? Wer will für das Reich in der gegenwärtigen politischen und wirtschaftlichen Lage auch nur das Einkommensteueraufkommen erschätzen? Er könnte die letzten Jahre zu Rate ziehen: Tabelle 3 aber zeigt, wie die Einkommensteuer in 1921 1310 Mill. B. M. brachte, in 1922 992 Mill., im 1. Halbjahr 1923 aber nur noch 317 Mill. B. M. Er wird versuchen, die Lohnsteuer zu ermitteln: sie aber fiel von 63 Mill. B. M. im April 1923 auf 14 Mill. im September. Wie er auch die nur schwer brauchbaren Unterlagen dieser Entwertungszeiten wende, er wird bei keiner Steuer zum Ziele kommen.

Vier Fragen versperren ihm den Weg:

1. Wie wird sich der Verlust der Finanzhoheit in den abgetretenen und Einbruchsgebieten steuerlich auswirken? Dort wohnen 12 Millionen Deutsche, also ein Fünftel unseres Volkes. Diese Gebiete waren für die preußische Finanzverwaltung die besten Überschußgebiete gewesen, die mit ihren Steuererträgen immer über dem Durchschnitt gelegen haben.

2. Wie wird sich die deutsche Verarmung steuerlich auswirken? Entlassungen, Kurzarbeit, Arbeitsstreckung und Erwerbslosigkeit müssen die Steuereingänge sehr erheblich beeinträchtigen.

3. Was bedeutet der Übergang zu »Goldsteuern«? War der Rückgang der Steuern in den letzten Jahren ein Zeichen der Verarmung, der Geldentwertung oder der Steuerhinterziehung?

4. Wie wird sich die Stillegung der Notenpresse auf die Steuereingänge auswirken? Wir sahen bei der Betrachtung der Gesamteinnahmen des Reiches, wie die Notenpresse gewisse Beträge an Steuern abwarf, wenn z. B. die Lohnsteuer einbehalten wurde. Auch wenn sämtliche Ausgaben nur aus der Notenpresse geleistet wurden, mußte sich ein gewisses Deckungsverhältnis einstellen.

Wer will auf diese Fragen endgültige Antwort geben? Wenn aber der Reichsfinanzminister sich schließlich doch geirrt hat, was soll dann geschehen? Müßte er den Ländern und Gemeinden nicht das Steueraufkommen garantieren, das er ihnen als Grundlage ihrer Etats gibt? Daß er das nicht kann, es sei denn aus der Notenpresse, liegt klar zutage.

So werden Länder und Gemeinden, wenn sie zu richtigen Etats kommen wollen, von ihm verlangen, daß er ihnen seine Unterlagen wie auch die Art seiner Schätzungen mitteilt. Sie werden 1913 als alleinigen Ausgangspunkt ablehnen, da der Verelendungsfaktor ein völlig unsicherer und darum unbrauchbarer Begriff ist. Man wird also auf die Istzahlen der letzten Jahre zurückgreifen müssen. Hier aber erhebt sich eine entscheidende Schwierigkeit: Niemand kennt den tatsächlichen Goldwert der steuerlichen Einnahmen der letzten Jahre.

Wenn wir bisher die Angaben der Monatsberichte über die Einnahmen des Reiches zugrunde legten, so konnten diese Unterlagen für allgemeine Betrachtungen als ausreichend gelten. Unter den Beträgen aber, die der Reichsfinanzminister dort als »Aufgekommen« nachweist, sind auch solche, die ihm noch gar nicht zur Verfügung stehen, da sie noch in Gemeindekassen ruhen. Wie groß die von gemeindlichen Hebestellen vereinnahmten Beträge sind, ist sehr schwer abzuschätzen; sie aber werden erst am 10. des folgenden Monats, soweit dieser gesetzliche Termin innegehalten wird, an Reichskassen abgeliefert und dürften erst dann nach ihrem Goldwert umgerechnet werden.

Im Gegensatz zu der alten und bewährten Auffassung, daß man als steuerliche Einnahmen nur Beträge ausweist, die tatsächlich zur Verfügung stehen, arbeiten die monatlichen Berichte mit dem Kautschukbegriff »aufgekommen sind«. Aus diesen Gründen werden auch den monatlichen Berichten nicht, wie es früher im Abrechnungsverkehr zwischen Reich und Bundesstaaten üblich war, sofort kassenmäßige Abrechnungen beigefügt.

Gewiß liegen hier Schwierigkeiten vor, die zum Teil im Wesen der Sache begründet sind. In der preußischen Verwaltung der Reichszölle wie der der indirekten Steuern wurde nur mit Landeskassen gearbeitet; es konnte daher vierzehntäglich und monatlich auf den Pfennig Rechnung gelegt werden. Anders dagegen in der preußischen Verwaltung der direkten Steuern. Dort gab es immer Gemeinden, die mit ihren Meldungen und Ablieferungen in Verzug waren. Es muß aber mit allem Nachdruck betont werden, daß es sich dabei um eine interne Frage der preußischen Verwaltung handelte. Das Reich dagegen ist bei den zu überweisenden Steuern Treuhänder. Diese Gelder gehören ihm gar nicht, und es wird sich darum Vorwürfe der Länder und

Gemeinden gefallen lassen müssen, bis es diese Verhältnisse abstellt.

Wir aber glauben, daß bei solchen Unterlagen verantwortliche Schätzungen von Steuern für das gesamte Reichsgebiet überhaupt unmöglich sind. Auf Schätzungen des Reiches wird keine verantwortungsbewußte deutsche Finanzverwaltung mehr ihren Etat aufbauen wollen.

Darum können nur Länder und Gemeinden für ihren ungleich kleineren Bezirk unter voller eigener Verantwortung Schätzungen der Steuerkraft vornehmen, sobald sie ihre alte Finanzhoheit wiederhaben.

3. Die Überweisungstechnik.

Das Reich erhebt die Steuern und überweist den Ländern und Gemeinden ihre gesetzlichen Anteile: wie einfach das klingt; doch »hart im Raume stoßen sich die Sachen«.

Bei der Reichseinkommensteuer ist der Instanzenzug gegenwärtig folgender:

Erste Instanz: die Finanzkassen oder Gemeindekassen erheben.

Zweite Instanz:

a) der Staatsanteil wandert von den Finanzkassen auf dem Girowege an die Oberfinanzkassen;

b) der Gemeindeanteil wandert an die Regierungshauptkassen und wird von diesen nach Angaben des Innenministers an die Gemeinden verteilt;

c) seit Oktober 1923 werden Staats- und Gemeindeanteil den Oberfinanzkassen ungeteilt überwiesen.

Dritte Instanz: die Oberfinanzkassen geben die Gelder über die Reichsbank an die Reichshauptkasse weiter.

Vierte Instanz: das Reichsfinanzministerium (Reichsrechnungsstelle) berechnet die Anteile der einzelnen Länder; insbesondere müssen dabei bereits geleistete Abschlagszahlungen berücksichtigt werden.

Fünfte Instanz: die Reichshauptkasse überweist den preußischen Staats- und Gemeindeanteil dem Reichsbankgirokonto der preußischen Generalstaatskasse, den bayerischen dem der bayerischen usf.

Sechste Instanz: der preußische usw. Finanzminister stellt nach Abzug des ihm verbleibenden Staatsanteils (45 vH.) den Rest dem Minister des Innern zur Verfügung.

Siebente Instanz: der Minister des Innern berechnet, unter Berücksichtigung verschiedener Faktoren, den Anteil der einzelnen Gemeinden.

Achte Instanz: die Generalstaatskasse überweist die Beträge entsprechend dem Verteilungsschlüssel des Innenministers an die Regierungshauptkassen.

Neunte Instanz: die Regierungshauptkassen zahlen den Gemeinden bar oder durch Überweisung (Postscheckkonto usw.) die auf sie entfallenden Gelder aus, die tatsächlich in ihrem Bezirk aufgekommen waren.

Dieses Überweisungssystem dauert naturgemäß mehrere Wochen, sind doch außer den genannten neun Instanzen noch mehrfache Giroüberweisungen und anderes Schreibwerk beteiligt, was immer eine gewisse Zeit erfordert. Warum einfach, wenn es kompliziert geht? möchte man fragen.

Das Reich konnte die in seine Kassen eingeflossenen Gelder auch damals sofort wieder »wertbeständig« verausgaben, denn seine Kassen mußten mehr auszahlen, als die Steuern betrugen; leistete es doch seit mehreren Jahren die Hälfte seiner Ausgaben aus Zuschüssen der Notenpresse. Wann die Lieferzettel über die Einnahmen bei der Reichsrechnungsstelle eintrafen, bleibt in dieser Frage ohne Bedeutung. Der Geldentwertungsschaden traf daher in seinem vollen Umfange die Länder und Gemeinden. Sie mußten nicht nur sich entwertete Beträge auszahlen lassen, sondern sie erst ihren Kassen zuweisen, was weitere Zeit erforderte.

Tabelle 5 gibt ein Bild der Steuerüberweisungen an Preußen. Im ersten Halbjahr 1923 hatte die Reichseinkommensteuer nach den monatlichen Berichten rd. 320 Mill. B. M. gebracht. Davon waren den Ländern und Gemeinden $^3/_4$ zu überweisen, wovon Preußen wiederum $^3/_5$ zu beanspruchen hatte (also $^3/_4 \times {}^3/_5 = {}^9/_{20}$ vom Gesamtaufkommen). Von dem preußischen Anteil waren 55 vH. den Gemeinden auszuschütten. Der für Preußen verbleibende Staatsanteil betrug also 45 vH. von $^9/_{20}$ oder $^{81}/_{400}$ des Reichsaufkommens. Von den obigen 320 Mill. B. M. hätte der preußische Staat also 64 Mill. B. M. bekommen müssen. Der

Tabelle 5.

Die Steuerüberweisungen an Preußen

im ersten Halbjahr 1923.

(Staatsanteil.)

	Einkommensteuer		Körperschaftssteuer	
	P. M.	B. M.	P. M.	B. M.
April	—	—	—	—
Mai	44 Milld.	9 500 000	0,3 Milld.	60 000
Juni	127 "	14 000 000	3,5 "	380 000
Juli	144 "	3 100 000	4,5 "	100 000
August	256 "	380 000	7,0 "	11 000
September	7755 "	500 000	1929 "	130 000
Summe	8326 Milld.	27 480 000	1944 Milld.	681 000
Soll nach dem Etat	.	250 000 000	.	10 000 000
Ist des 1. Halbjahrs = % des Soll	.	11 %	.	6,8 %

	Umsatzsteuer		Rennwettsteuer		Kraftfahrzeugsteuer	
	P. M. Milld.	B. M.	P. M. Milld.	B. M.	P. M. Milld.	B. M.
August	45	67 000	8,2	12 000	0,7	1 100
September	275	18 000	—	—	31	2 000
Summe	320	85 000	8,2	12 000	32	3 100
Soll nach dem Etat	.	62 000 000	.	2 900 000	.	1 200 000
Ist des 1. Halbjahrs = % des Soll	.	0,14 %	.	0,41 %	.	0,26 %

I. Gesamtergebnis für Preußen: 28 621 300 B. M. = 8,6 % des auf Grund des Reichsetats 1923 veranschlagten Solls.

II. Einkommensteueraufkommen im Reiche 1. Halbjahr 1923 rd. 320 Mill. B. M.

Theoretischer Anteil Preußens $\left[\frac{81}{400}\right]$ " 64 " "

Tatsächlich an Preußen ausgezahlt " 27 " " = 42 %.

III. Preußisches Steueraufkommen in 1913: Preußische Einkommensteuer 392 Mill., oder rd. 200 Mill. M. im Halbjahr,
Preußischer Reichseinkommensteueranteil im 1. Halbjahr 1923 27 Mill. B. M. = 14 %.

überwiesene Betrag bedeutete aber in Binnenmark nur 27 Mill., so daß der preußische Staat in diesem Zeitraum allein an der Einkommensteuer 37 Mill. B. M. oder 58 vH. eingebüßt hat.

Man darf wohl annehmen, daß die Länder und Gemeinden für diese Entwertungsverluste durch die Besoldungszuschüsse wie durch Reichskredite verschiedener Art entschädigt worden sind. Bevor aber diese abgestoppt werden, müssen die Klippen der Überweisungstechnik überwunden werden. Ihre bisherige Form machte es für Länder und Gemeinden unmöglich, in ihre Etats bestimmte Überweisungsbeträge einzustellen, auch wenn das Reich sie ihnen amtlich mitteilen würde. Ob es ein Gewinn ist, wenn Reich und Länder die Steuern anderer Verbände in ihren Etats und Rechnungen mitschleppen müssen, mag eine weniger wichtige Frage sein, die aber doch von jedem gestellt werden wird, der klare Etats- und Rechnungsführung schätzt.

Man hat versucht, den Gemeinden ihre Anteile durch die Finanzkassen unmittelbar zuzuführen. Bei den stoßweise fließenden Überweisungen mit Abschlagszahlungen, Restzahlungen und ähnlichen Teilbeträgen mußten sich aber Schwierigkeiten ergeben. Darum hat man im Oktober 1923 das lokale Verteilungssystem völlig aufgegeben und überweist Staats- und Gemeindeanteile nur zentral.

Länder und Gemeinden werden auf pünktliche wie auf umgehende Überweisung der ihnen zustehenden Steueranteile dringen müssen. Es war nicht vereinbart, daß sie schwebende Schulden aufnehmen und verzinsen sollten, wenn die Reichsfinanzverwaltung sich für außerstande erklären würde, die Steuern von ihren Finanzkassen und gemeindlichen Hebestellen rechtzeitig zur Zentrale hereinzuziehen. Theoretisch wird diese Frage nur dadurch zu lösen sein, daß sich das Reich einen nicht unerheblichen Kassenbestand zu dauernder Verfügung freihält, aus dem es die jeweiligen Überweisungsbeträge leistet, bevor es sie selbst von den gemeindlichen Hebestellen usw. hereinbekommen hat.

4. Der Finanzausgleich.

In Reich, Ländern und Gemeinden blieben die Einnahmen immer stärker hinter den Ausgaben zurück. Die täglich nötigen Gelder zu beschaffen, wurde die Hauptaufgabe der Finanzverwaltung. Darum haben wir uns gewöhnt, auch bei der Reichsfinanzverwaltung auf die Erträge zu blicken und unsere Anerkennung nach ihrer Höhe zu bemessen.

Hat aber die Finanzverwaltung nicht höhere Aufgaben, als durch ihre Steuern Gelder aufzubringen? Miquel faßte in seinem Immediatbericht aus dem Jahre 1897 den Kreis weiter: »Neben der Sorge für die Ordnung im Staatshaushalt und für die Beschaffung des zu seiner Führung notwendigen Bedarfes ist es die vornehmste Aufgabe der Finanzverwaltung, die vorhandenen Mittel dem Lande in ausgleichender, fruchtbringender Weise wieder zuzuführen.«

Vor dieser letzen Forderung muß eine zentrale Reichsfinanzverwaltung versagen. Kann sie die Finanzen von 23 Ländern und 60000 Gemeinden übersehen? Vermag sie mit der nötigen Sachkenntnis Abstriche zu machen, vom Durchsetzen solcher Ersparnisse ganz zu schweigen? Hier liegen Aufgaben, die in keinem Bundesstaat der Erde bisher gestellt, noch weniger aber gelöst wurden. Nirgends ist eine Bundesgewalt so weit gegangen, daß sie die wichtigste Gemeindesteuer für ihre Gemeinden erhob. Nicht einmal in kleinen Bundesstaaten (die Schweiz hat ebensoviel Einwohner wie Sachsen) wurden derartige Versuche gemacht.

Zwischen Staatsbedarf und Deckung wird auch bei uns wieder ein Ausgleich geschaffen werden müssen. Das Reich hat in den letzten Jahren seinen Aufgabenkreis stärker erweitert als Länder oder Gemeinden: Müßte es sich nicht stärker einschränken als diese? Wer soll in dieser Frage entscheiden? Die Mahnungen des Reichsrats haben bisher nur selten gewirkt. Was soll z. B. geschehen, wenn Länder und Gemeinden mit ihren Mitteln nicht glauben auskommen zu können, während sich das Reich gegen eine Erhöhung des Steuerdruckes wehrt?

Früher wurde die Steuerverwaltung nicht als »Auspowerungsmaschine«, sondern als ein Teil der allgemeinen Hoheitsverwaltung, ja als ihr Rückgrat betrachtet. Damals konnten die neutralen Berichte der Regierungs- und Oberpräsidenten über die Wirkung der Steuern herangezogen werden. Sie dürften ein richtigeres Bild gegeben haben, als eine ortsfremde Reichsfinanzverwaltung je gewinnen kann. Die Unterlagen der letzteren bestehen vornehmlich in den mehr oder minder beweglichen und geschickten Klagen der durch die Steuern getroffenen Berufskreise, die, wenn sie immer wieder und überall vorgebracht werden, schließlich auch den harthörigsten Reichsfinanzminister schwankend machen können.

Gewiß war auch die frühere Scheidung der Steuerquellen von Reich, Bundesstaaten und Gemeinden keine letzte Lösung. Die Bundesstaaten hatten ihre Einkommensteuer und mußten damit das Odium des Steuereintreibers übernehmen, während Bismarck dem Reiche die Zölle und Verbrauchsabgaben zuwies. Daß der Reichstag die letzteren nicht erhöhen wollte, trotzdem sie in den »freiheitlichsten« Ländern bis $^3/_4$ des gesamten Steueraufkommens ausmachen, hat die Reichsfinanzen schwer geschädigt. Ist die Einkommensteuer wirklich so »gerecht«, wie überall betont wird? Kennen wir alle nicht auch ihre Härten?

»In Frankreich wie in England wird die überwiegende Masse der Staatsbedürfnisse durch indirekte Steuern aufgebracht. Was man auch gegen die indirekten Steuern sagen mag, Tatsache ist, daß man sie weniger fühlt. Es ist schwer zu berechnen, wieviel der einzelne bezahlt, wieviel auf andere Mitbürger abgebürdet wird. Von der Klassensteuer weiß er ganz genau, was auf ihn kommt; und es ist wunderbar, wenn man bei indirekten Steuern von der Pfeife und dem Licht des armen Mannes spricht und demselben armen Manne seinen Atem besteuert; denn die direkte Steuer muß er zahlen, solange er atmet.

»Bei der direkten Steuer wird nicht danach gefragt: Kannst du unter Umständen deinen Trunk Bier entbehren? Kannst du weniger rauchen? Kannst du des Abends die Beleuchtung einschränken?, sondern sie muß er zahlen, er mag Geld haben oder nicht, er mag verschuldet sein oder nicht. Und was das schlimmste ist, es folgt die Exekution, und nichts wirkt auf die Gemüter mehr als das Exequieren von Steuern wegen Groschen, die für den, der sie zahlen soll, im Augenblick unerschwinglich sind; der Groschen ist gleich einer Million für den, der ihn nicht hat, und der sich sagt, so und soviel kriegt dieser Beamte Gehalt, so und soviel geht auf unnötig scheinende Ausgaben, und ich werde hier um mein bißchen Geld exequiert.

»Ich bekenne mich unbedingt zu dem System der indirekten Steuern; ich glaube auch, daß die indirekten Steuern sich viel mehr ins Gleichgewicht setzen in bezug auf die Frage, wer sie eigentlich trägt, als man gewöhnlich annimmt. Auch der Nichtbiertrinker z. B. wird seinen erheblichen Anteil an der Biersteuer tragen. Er braucht Dienstleistungen in großer Menge; nicht nur die direkten Dienstleistungen eines Domestiken im Hause, der doch auch an das Bier gewöhnt ist und es mit in seinen Lohn verlangt, sondern Dienstleistungen, die sich die Berufstätigen untereinander leisten. Ich werde in dem Paar Stiefel das Bier, das der Schuhmacher zu trinken pflegt und das zu seinen täglichen Gewohnheiten und Bedürfnissen gehört, vergüten müssen pro rata parte. So könnte man die Beispiele ins unendliche vervielfältigen; durch versteuertes Brot, durch versteuertes Bier und durch versteuertes Fleisch wird eben jede der Dienstleistungen, die wir voneinander verlangen, um soviel verteuert, als nötig ist, um den Dienstleister oder den Verfertiger des gebrauchten Objektes in die Lage zu versetzen, daß er seinen Bedürfnissen nach existieren kann. Ich glaube, daß sich die indirekten Steuern auf diese Weise von selbst vollständig ins Gleichgewicht bringen.«

Leider vermochte Bismarck diese undemagogischen Gedanken im Reichstag nicht durchzudrücken. In Preußen hat Miquel in seinem Kommunalabgabengesetz des Jahres 1893 versucht, die Gemeinden von der Überspannung der Einkommensteuer abzudrängen. Er mußte aber „bedauern, daß die Ersetzung der in ihrer gegenwärtigen Gestalt für die Zwecke der Gemeindebesteuerung nur unvollkommen geeigneten staatlichen Realsteuern durch besondere Gemeindesteuern nicht in dem Maße Fortschritte gemacht hat, in welchem es zu wünschen wäre und der Absicht des Kommunalabgabengesetzes entsprechen würde. Insbesondere haben sich namentlich die großen Städte trotz wiederholter Anregungen der Aufsichtsbehörden gegen eine schärfere Besteuerung der den kleineren Gewerbetreibenden eine übermäßige Konkurrenz machenden großen Warenhäuser, Versandgeschäfte u. dergl. bisher ganz überwiegend ablehnend verhalten, während für eine stärkere Belastung der großen industriellen Unternehmungen, wie Zechen, Eisenwerke usw., weit mehr, ja hin und wieder sogar eine über das Maß hinausgehende Neigung vorhanden war“. Diese letztere Neigung würde Miquel auch heute noch festzustellen Gelegenheit haben, und zwar nicht nur in den Gemeinden. Wir werden langsam lernen müssen, daß das heutige unbesetzte Reichsgebiet kein Industrieland, sondern wieder ein Agrarland ist. Nichts ist für den Finanzpolitiker nötiger als ein klares Bild über die Ausnutzbarkeit der einzelnen Steuerquellen.

Auf die Besitzsteuern wird neben der Einkommensteuer immer wieder hingewiesen. Es darf als bekannt gelten, daß sie in den letzten Jahren sehr erhebliche Beträge gebracht haben, und zwar in 1919—1922 2,8 Milld. B. M. oder 90 vH. dessen, was die Reichseinkommensteuer im gleichen Zeitraum brachte, oder 21 vH. des gesamten Steueraufkommens des Reichs[1]). Als entscheidende Einnahmequelle wird man sie aber kaum gelten lassen können. Auf die Dauer kann der Besitz in seiner Substanz nicht als Steuerquelle, sondern nur zur Bemessung dienen, denn laufende Steuern lassen sich nur aus laufendem Einkommen bezahlen. Bei dem heutigen System der Schätzungen werden derartige Feinheiten oft übersehen: so wurde die Rhein-Ruhr-Abgabe, die eine Abgabe vom Vermögen sein sollte, nach dem Einkommen bemessen.

Neben der Scheidung der Steuerquellen wird die der Aufgaben durchzuführen sein. Die Verquickung von Reichs-, Länder- und Gemeindefinanzen durch die Besoldungszuschüsse ist unendlich schlimmer als einst die Verkopplung von Reichs- und bundesstaatlichen Finanzen durch die Matrikularbeiträge. Auch die Länder werden Aufgaben wieder abstoßen müssen, die sie von den Gemeinden übernehmen mußten, so vor allem die Lehrpersonen, von denen sie heute $^3/_4$ gegen $^1/_4$ früher zu tragen haben, und die Pfarrer, die heute ganz von ihnen besoldet werden; nur die Gemeinde vermag zu übersehen, wie weit Erträge von Dienstland und ähnliche oft sehr erhebliche Nebenbezüge in Rechnung gestellt werden können.

Daß die unsichere außenpolitische Lage unseres Vaterlandes auch auf den Finanzausgleich einwirken muß, braucht kaum erwähnt zu werden. Auch wenn die Länder für Tribute werden Matrikularbeiträge abliefern müssen, wird das Reich nicht gleich auseinanderfallen. Das Reichsfinanzministerium wird allerdings seine überragende Machtstellung, die es gleichsam zur vorgesetzten Behörde der Länder machte, verlieren; sie beruhte bisher weniger auf der Steuerverwaltung als darauf,

[1]) Vgl. „Finanzen“ S. 57.

daß es die Hand am Hebel der Notenpresse hatte, und wird von selbst fallen, wenn das Reich nicht mehr wie bisher jedes neue Gesetz für die Länder durch entsprechende Zuschüsse schmackhaft machen kann.

5. Die Steuerverwaltung.

Die Reichsfinanzverwaltung hat 120 733 Beamte und Angestellte. Nach dem Reichsetat 1923 war dafür ein Geldbedarf von 17 Milld. P. M. oder, nach dem Stichtag umgerechnet, 170 Mill. B. M. erforderlich. Dazu kommen als sächliche Kosten rund 7 Milld. P. M. oder 70 Mill. B. M. Der Steuerverwaltungsapparat kostete also insgesamt 240 Mill. B. M. Im ersten Halbjahr 1923 hat auch die Reichskasse erheblich überzahlen müssen, so daß angenommen werden darf, daß der für das Jahr veranschlagte Betrag schon in diesem Zeitraum fast aufgebraucht wurde.

An Steuern kamen in der gleichen Zeit einschließlich Rhein-Ruhr-Abgabe noch nicht 1000 Mill. B. M. auf; die Unkosten der Reichssteuerverwaltung betrugen in diesem Zeitraum 24 vH. der Roheinnahme[1]). Länder und Gemeinden werden sich auch in Geldentwertungszeiten derartige Abzüge als Erhebungskosten einer ihre Steuern mitverwaltenden Reichsfinanzverwaltung kaum gefallen lassen können. Es darf daran erinnert werden, daß das Reich den Bundesstaaten als Entschädigung für ihre Verwaltung der Verbrauchsabgaben in der Regel früher 4 vH. der Bruttoerträge überwies.

Daß unser Vaterland eine Steuerverwaltung von 120 733 Köpfen auf die Dauer nicht tragen kann, wird offensichtlich, wenn man bedenkt, daß die gesamte preußische Verwaltung, einschließlich innere Verwaltung, Justiz, Kultus usw. nur 120 000 Köpfe hat und daß es vor dem Kriege kaum mehr als 20 000 bis 30 000 Steuerbeamte im Deutschen Reiche gab; eine genaue Zahl läßt sich für jene Zeit leider nicht ermitteln, da Unterlagen

[1]) Die Wirtschaft muß neben diesen Unkosten der Reichsfinanzverwaltung weiterhin die tragen, welche ihr indirekt dadurch auferlegt werden, daß z. B. die Unternehmen die Lohnsteuer veranlagen. Nimmt man an, daß unter 100 Angestellten nur einer mit Steuerberechnungen beschäftigt werden muß, so machte das bei 14 Millionen Erwerbstätigen noch 140 000 Personen, welche der Kopfzahl der amtlichen Steuerverwaltung hinzuzuzählen wären.

über die Steuerverwaltung der Gemeinden nicht vorliegen und auch kaum aufzustellen sind, weil die Beamten dort neben der steuerlichen Tätigkeit oft noch anderen Dienst versahen, so daß man sie aufteilen müßte. Ein großzügiger Abbau der Reichsfinanzverwaltung auf $^1/_3$ bis $^1/_4$ wird kaum zu umgehen sein. Daß in der kommenden Notzeit Steuerverwaltung und innere Verwaltung wieder mit den Gemeinden als Dritten im Bunde werden eng zusammenarbeiten müssen, um den kommenden Steuerdruck einigermaßen auf Grund ihrer lokalen Kenntnis ertragbar zu gestalten, wurde schon ausgeführt.

Erst wenn die Einkommensteuer wieder von unten aufgebaut wird, läßt sie sich mit einiger Wahrscheinlichkeit veranschlagen. Es wird aber auch der alte Grundsatz des Steuersolls wieder zu Ehren kommen müssen, nach dem die Veranlagung ein gewisses Soll ergibt, das im Etat erscheint, während in der Abrechnung die Unterschiede zwischen dem eingekommenen Ist und diesem Soll genau nachgewiesen werden (Stundung, Erlaß usw.). Wie weit die Reichsfinanzverwaltung in den letzten Jahren mit einem Steuersoll gearbeitet hat, ist nicht bekannt. Man hätte aber trotz der Geldentwertung hier Formen finden müssen, denn der Kaufmann kann nur dann kalkulieren, wenn er seine Steuerschuld kennt. In den letzten Jahren war das System jeweils festgesetzter Schatzungen, bei denen man, wie z. B. bei der Lohnsummensteuer, ohne Rücksicht auf die Lage des einzelnen Gewerbes, das Geld nimmt, wo man es sieht, nur deshalb erträglich, weil auch die private Wirtschaft nicht mehr klar rechnen konnte. Man wird zu den alten erprobten Steuern zurückkehren und auf zweifelhafte Versuche möglichst verzichten müssen.

Wird die Steuerverwaltung wieder an die Staaten und Gemeinden zurückgegeben, so wird die erste Aufgabe sein, ein klares deutsches Steuersystem aufzustellen. Nicht nur zwischen Reich und Ländern muß geschieden werden, sondern die größte Mühe wird auf das schwierigste Gebiet der Finanzpolitik, auf das kommunale Abgabenwesen, zu verwenden sein. Die Gemeindesteuern bedeuteten im Deutschen Reiche etwa $^1/_3$ der Gesamtsteuern (1913: 1,3 Milld. von 4,4 Milld.). Sie können und müssen also, nicht nur lokal, ein noch so fein ausgeklügeltes System der Reichs- und Ländersteuern zerstören, wenn sie nicht mitberücksichtigt und geregelt werden.

Weiterhin bleibt zu erwägen, wie weit man diese Gelegenheit ausnutzen will, um die Steuerverwaltung in kaufmännischem Sinne aufzubauen. Wer je in das staatliche Kassen- und Rechnungswesen einen Einblick tat, wird entgegen weitverbreiteten Ansichten die Möglichkeit ihrer Ausgestaltung nicht überschätzen. In den Vorkriegsjahren haben in Preußen eingehende Untersuchungen dieser Fragen stattgefunden. Aber auch die Verfechter kaufmännischer Methoden kamen zu dem Ergebnis, daß im preußischen Kassenwesen erhebliche Änderungen, wie vor allem die Übernahme der staatlichen Kassenführung durch die Banken, nicht zu empfehlen seien (vgl. den Kommissionsbericht des Bankiers Delbrück 1910). Die staatlichen Kassen sollen für vereinnahmte und verausgabte Gelder die Einhaltung des Etats, nicht aber Gewinn oder Verlust ausweisen oder durch mehrfache Buchungen desselben Betrages sich selbst kontrollieren. Daß auch in der Steuerverwaltung sich manches verbessern läst, lehrt z. B. die des Staates New York.

Einen Fehler aber wird man bei der Rückübertragung der Steuerverwaltung vermeiden müssen, den der Überstürzung. Wir haben ihn in 1919 einmal gemacht und werden daraus lernen müssen. Schon im Augenblick ließen sich als Übergang die Landesfinanzämter unter eine Mitaufsicht der Staaten stellen, in denen sie liegen. Wie diese Formen im einzelnen auszugestalten sind, darf Berufeneren überlassen werden[1]).

Erst wenn Einnahme- und Ausgabegebiete wieder klar abgegrenzt sind, werden Reich, Länder und Gemeinden daran gehen können, Etats aufzustellen.

6. Der Aufbau des Richtetats.

Im Gegensatz zu den Papierzahlen der Etats der letzten Jahre werden die Ansätze der einzelnen Fonds in einem Richtetat wieder von Bedeutung sein. Man hat als Vorarbeit für den Goldetat vielfach versucht, einen Überblick über die Finanzlage zu gewinnen, indem man die Ausgaben zu großen Gruppen, wie

---

[1]) Miquel ging 1893 von der Klassensteuer zur Einkommensteuer über und hatte trotz neuer Veranlagung usw. keine Ausfälle. Solche großen finanziellen Taten sind also bei kluger Führung in sehr kurzen Zeiten und ohne Defizite möglich.

Besoldungen, sächliche Ausgaben, soziale Ausgaben usw., zusammenfaßte. Diese Gruppen aber sind schwer abzugrenzen; Gehälter für überflüssige Behörden z. B. könnte man als eine Art Erwerbslosenunterstützung ansehen und den sozialen Ausgaben zurechnen. Zum Etatisieren aber braucht man nicht große Linien, sondern Anhaltspunkte für jeden einzelnen Fonds; haben wir doch in der Papiermarkzeit das Gefühl für Zahlengrößen verloren. Darum wird die Finanzverwaltung die einzelnen Kapitel und Titel gesondert aufarbeiten müssen, um sich gegen die Einwände der Ressorts verteidigen zu können.

Auch hier mag es zunächst ausreichend erscheinen, von 1913 auszugehen und gewisse Verelendungsfaktoren zu benutzen. Wer von uns könnte seinen gegenwärtigen Haushaltsbedarf ermitteln, indem er seinen Vorkriegshaushalt durch einen Verelendungsfaktor verkleinert? Die Haushalte der deutschen Staaten dürften noch schwerer zu errechnen sein. Stichproben zeigen, daß sich selbst gleichartige Fonds in den letzten Jahren zu verschieden entwickelten, als daß sich ein einheitlicher Verelendungsfaktor herauskonstruieren ließe. Man wird darum die Istzahlen der letzten Jahre auf ihren Goldwert untersuchen müssen. Für die Zeit, in der die Spanne zwischen Dollargoldmark und innerer Teuerung vorhanden war, wird man aus den oben erwähnten Gründen die letztere berücksichtigen müssen. Versuche, die Papierbeträge der letzten Jahre über Dollargoldmark umzurechnen, haben überall auf offensichtlich zu kleine Zahlen geführt.

Welcher Index aber spiegelt die innerdeutsche Teuerung am besten? Gegen das vielfach vorgeschlagene Mittel zwischen Großhandelsindex und Lebenshaltungsindex ist einzuwenden, daß die sächlichen Ausgaben nicht mit dem Großhandelsindex steigen, da mit wachsender Verarmung an ihnen gespart wird; vielleicht sind sie darum nur mit dem Lebenshaltungsindex gestiegen. Anderseits hat sich gezeigt, daß die Staatskasse im ersten halben Jahr 1923 infolge der Nachzahlungen für Gehälter hat Beträge aufbringen müssen, die, über den jeweiligen Lebenshaltungsindex umgerechnet, bei Gruppe XIII den vollen Friedenswert erreichten, ihn in den unteren Gruppen dagegen um das $1^1/_2$fache überstiegen. Die Istausgaben für Besoldungen waren also im ersten Halbjahr 1923 ohne Berücksichtigung der Beamtenvermehrung $1^1/_2$ bis 2mal so stark gestiegen wie der Lebenshaltungsindex.

Mögen sich auch die persönlichen und die sächlichen Ausgaben etwa die Wage halten, Folgerungen für den zu wählenden Index ergeben sich daraus nicht. Er soll ganz allgemein die innerdeutsche Teuerung widerspiegeln. Es sei daher der Ernährungskostenindex des Statistischen Reichsamts vorgeschlagen, der immer etwas unterhalb des Mittels der beiden obengenannten Indexziffern liegt und darum der Wirklichkeit am nächsten kommen dürfte.

Wir wählen als Beispiel einer möglichen Etatsaufstellung den preußischen Haushalt. In Tabelle 6 erscheinen die Überschußverwaltungen wie die Staatshoheitsverwaltung mit den Zahlen des Jahres 1913, sowie den in Binnenmark umgerechneten der Jahre 1919 und 1920. Spätere Rechnungen liegen leider noch nicht vor, da die Kassen des besetzten Gebietes noch nicht Rechnung legen konnten.

Die finanziell entscheidende Zahl, der Zuschußbedarf der Hoheitsverwaltung, betrug in 1913 832 Mill. M. Sie fiel auf rd. 500 Mill. B. M. in 1919 und 400 Mill. B. M. in 1920. In 1913 deckte der Eisenbahnüberschuß 252 Mill., der der anderen Betriebsverwaltungen 140 Mill. und die Steuerverwaltung 440 Mill. In 1919 und 1920 fiel der Eisenbahnüberschuß fort; die Betriebsüberschüsse sanken auf 86 und 104 Mill. B. M., die der Steuerverwaltung auf 338 Mill. B. M. in 1919 und unter dem neuen Überweisungssystem auf 180 Mill. B. M. in 1920; so stieg der Fehlbetrag in diesen beiden Jahren auf 72 und 100 Mill. B. M., die zum Teil durch nachträgliche Steuerüberweisungen noch gedeckt wurden.

Wollte man auf Grund dieser Angaben einen Etat für 1924 aufstellen, so wäre zunächst zu ermitteln, welche Überschüsse als verfügbar angesehen werden dürfen. Hier zeigt sich aber, daß Preußen unter der jetzigen Reichsfinanzverwaltung für die entscheidende Einnahmequelle, die Steuern, keinerlei Zahlen einsetzen kann. Selbst wenn es sich vom Reiche Schätzungen geben ließe, würde es darauf kaum seinen Etat aufbauen können, solange nicht eine gewisse Gewähr gegeben ist, daß die Beträge auch einkommen. Das Reich wird aber für seine Schätzungen kaum die Garantie übernehmen wollen, denn Schätzungsfehler von wenigen Prozenten würden ihm Millionen kosten. Es hat sich aber in den letzten Jahren so erheblich in seinen Anschlägen getäuscht, daß von seiten der Länder eine gewisse Skepsis be-

Tabelle 6.

Versuch eines Preußischen Voranschlages 1924.

Alles in Millionen Binnenmark.

	Ist 1913			Ist 1919			Ist 1920			Netto-Etatsschätzung 1924
	Einnahme	Ausgabe	±	Einnahme	Ausgabe	±	Einnahme	Ausgabe	±	±
Betriebsverwaltungen:										
Domänen	31	18	+ 13	11	6	+ 5	6	5	+ 1	+ 5
Forsten	162	72	+ 90	100	27	+ 73	133	33	+100	+ 70
Gestüte	5,0	11,5	− 6,5	3	9	− 6	3	7	− 4	− 5
Lotterie	191	181	+ 10	34	31	+ 2	18	16	+ 2	—
Seehandlung	—	—	+ 7,7	—	—	+ 9	—	—	+ 4	+ 5
Münze	0,9	0,5	+ 0,4	0,5	0,3	+ 0,2	0,6	0,5	0,1	—
Bergverwaltung	385	355	+ 30	308	306	+ 2	230	230	—	0
Porzellanmanufaktur	2,1	1,8	+ 0,3	—	—	—	.	.	.	0
Gesetzsammlungsamt	0,18	0,17	+0,01	0,04	0,05	−0,01	} 2	1	1	0
Reichsanzeiger	1,1	1,4	+ 0,3	1,3	1,0	+ 0,3	}			0
Summe	780	640	+ 140	457	371	+ 86	397	293	+104	+ 75,0
Finanzverwaltung:										
	788	349	+ 440	429	91	+ 338	250	70	+180	+ 300?
Staatshoheitsverwaltung:										
Landtag	—	2	− 2	—	2	− 2	—	1	− 1	− 1
Staatsministerium	1,6	5,4	− 3,9	2	23	− 21	2	4	− 2	− 2
Finanzministerium	15	102	− 87	4	189	− 185	17	75	− 58	− 80
1913 Bauverwaltung	24	66	− 43	10	29	− 19	12	30	− 18	—
Handelsverwaltung	10	26	− 16	3	9	− 6	3	7	− 4	− 7
Justiz	137	222	− 84	42	93	− 51	33	96	− 66	− 60
Inneres	55	158	− 103	37	93	− 56	80	160	− 80	− 90
Landwirtschaft	11	51	− 40	7	19	− 12	4	13	− 11	− 15
Kultus	9	298	− 288	4	94	− 90	3	85	− 82	− 100
Volkswohlfahrt	—	—	—	—	0,2	− 0,2	—	44	− 44	− 18
Oberrechn. Kammer	—	1,4	− 1,4	—	0,3	− 0,3	—	1	− 1	1
Kronrente	—	17,7	−17,7	—	3,5	− 3,5	—	—	—	—
Schuld	334	461	− 127	156	204	− 48	2	24	− 22	− 1
Summe	588	1421	− 832	265	758	− 493	156	540	−384	+ 375*)
Betriebsverwaltungen	—	—	+ 140	—	—	+ 86	—	—	+104	+ 75
Finanzverwaltung	—	—	+ 440	—	—	+ 338	—	—	+180	+ 300
Staatsverwalt. Bedarf	—	—	− 832	—	—	− 493	—	—	−384	− 375
	—	—	− 252	—	—	− 72	—	—	−100*)	? *)
	= Eisenbahnüberschuß			*) durch nachträgliche Steuerüberweisungen gedeckt						*)+Erwerbslosenunterstützung.

rechtigt erscheint (vgl. Tabelle 4, nach der im ersten Halbjahr 1923 nur 19 vH. des etatisierten Betrages an Reichssteuern aufgekommen war). Daneben sind Zinsverluste durch verspätete Überweisung möglich, vielleicht wahrscheinlich.

Hätte Preußen eine eigene Steuerverwaltung, so könnte es unter eigener Verantwortung Steuererträge erschätzen. Als Anhaltspunkte kommen dabei nicht so sehr die letzten Vorkriegsjahre in Frage, als etwa die 80er und 90er Jahre des vorigen Jahrhunderts. Unser Land ist zwar heute ärmer und zerrissener als damals; selbst höhere Steuersätze aber dürften nicht viel größere Beträge herausziehen können, ohne die Wirtschaft zu erdrücken.

Der verfügbare Überschuß würde auf die einzelnen Verwaltungsgebiete zu verteilen sein. Dazu aber muß man deren finanzielle Lage genauer kennen, als es die Schlußzahlen zulassen. Sie werden daher im einzelnen aufgerechnet werden müssen. Es dürfte sich m. E. empfehlen, für jede Verwaltung eine Tabelle aufzustellen. Wir wählen als Beispiel zwei Kapitel des preußischen Justizetats (vgl. Tabelle 7).

In Spalte 1 tragen wir Kapitelnummer mit kurzer Überschrift ein; die Titel in Reihenfolge des Voranschlages 1923, soweit nicht nach den Anmeldungen für 1924 neue beantragt oder alte weggefallen sind; die Titel werden mit kurzem Stichwort bezeichnet. Einmalige Ausgaben und Einnahmen werden neben der Gesamtsumme als einzelne Titel nur so weit eingesetzt, als in den letzten Jahren für den gleichen Zweck Fonds bestanden.

In Spalte 2 werden die reinen Istzahlen des Jahres 1913 eingesetzt; hierbei sind Titeländerungen gegen 1923 zu berücksichtigen.

Spalte 3 und 4 zeigen die in Binnenmark umgerechneten Istzahlen der Jahre 1919 und 1920 (Divisor 5 und 13) oder auch der Jahre 1920 und 1921, soweit für 1921 Rechnungen vorliegen; die ermittelten Goldzahlen genügen, wenn von der dritten Ziffer ab Nullen erscheinen (nicht 5768 sondern 5800[1])).

In Spalte 5 rechnen wir die Anmeldungen für 1924 nach der Teuerung des Stichtages um.

[1]) Wenn Papierbeträge auf 6 bis 8 Ziffern genau ausgerechnet wurden, so vergißt man leicht, daß es sich dabei um Tausendstel Prozente handelte.

Tabelle 7.
Unterlagenschema für die einzelnen Titel eines Goldetats 1924.

Spalte 1 Kapitel und Titel	Spalte 2 1913 1000 M.	Spalte 3 1919 1000 B. M.	Spalte 4 1920 1000 B. M.	Spalte 5 Anmeldung 1924 1000 B. M.	Spalte 6 Zahlen des Finanzministers 1)	Spalte 7 Goldzahlen 1924 1000 B. M.
30. Laufende Einnahmen:						
1. Kosten und Geldstrafen	126 331	37 000	26 000	40 000	25 000	30 000
2. Prüfungsgebühren . .	1 075	137	71	20	20	20
3. Gerichtsbarkeitsbeiträge	95	15	2	32	32	32
4. Gefangenenbeschäftigung	8 673	3 500	5 200	4 300	4 000	4 300
5. Dienstwohnungsmieten	—	—	—	35	35	35
6. Sonstige Einnahmen .	771	580	2 200	400	300	400
7. Justizoffiziantenwitwenkasse	57	45	34	—	—	—
Summe	137 002	41 277	33 507	43 787	29 387	34 787
Ausgabe.						
71. Ministerium:						
1. Besoldungen	704	149	140	341	250	300
2a. Wohnungsgeld. . . .	147	25	49	—	—	—
2b. Ministerialzulagen . .	—	—	—	7	5	5
3. Hilfsbeamte	188	65	98	75	50	60
4. Nichtbeamte	—	—	—	30	10	15
5. Geschäftsbedürfnisse .	97	57	74	37	45	37
6. Dienstgebäude	} 35	23	3	7	3	3
7. Ministerwohnung. . .		1	0,6	2	0,5	0,5
Summe	1170	320	364	499	368	420

1) Die Zahlen der Spalte 5 wurden gegriffen, die der Spalten 6 und 7 dann erschätzt. Praktisch werden die Abstriche wohl noch schärfer sein müssen. In jedem Falle aber geben die Spalten 2—4 einen gewissen Anhalt.

Spalte 6 stellt die Finanzverwaltung die von ihr für ausreichend gehaltenen Beträge ein, indem sie dabei die früheren Jahre heranzieht, um in Spalte 7, von dem für die betreffende Verwaltung zulässigen Zuschuß ausgehend, Hand in Hand mit den Ressorts endgültige Zahlen zu ermitteln.

Bei den beiden Kapiteln würden etwa folgende Erwägungen anzustellen sein: Titel 1 (Kosten und Geldstrafen) ging von 126 Mill. M. auf 37 und 26 Mill. B. M. zurück. Die Anmeldung des Justizministers erwartet 40 Mill. M., der Finanzminister aber nur 25 Mill. Der erstere begründet seine Schätzung. Ergebnis 30 Mill. Bei Ausgabetiteln wird der Finanzminister Schätzungen des Justizministers für zu vorsichtig halten, so daß zu fürchten ist, sie werden »infolge unvorhergesehenen Bedarfes« überschritten werden. (Beispiel: Geschäftsbedürfnisfonds, wo der Justizminister mit seinen 37 Mill. durchdringt.)

Für Spalte 7 aber wird letzten Endes der verfügbare Zuschußbedarf entscheiden müssen. Von den 60 Mill. B. M., die wir in Tabelle 6 als für die Justizverwaltung verfügbar erschätzten, werden vielleicht 420 000 B. M. auf das Justizministerium selbst entfallen können. Sie werden derart zu verteilen sein, daß zwischen den einzelnen Titeln ein gesundes Gleichgewicht besteht, das mit dem der Vorjahre übereinstimmt.

Hier wird schwere Arbeit zu leisten sein. Alle Fragen der Verwaltung werden auftauchen, denn sie alle kosten Geld und erscheinen im Etat. Aus den Überschußverwaltungen muß möglichst viel herausgeholt werden. Die Zuschußverwaltungen aber werden in der bittersten Weise zu beschneiden sein. Wie läßt sich z. B. der Zuschußbedarf des Finanzministerialhaushaltes einschränken? Einen erheblichen Teil erfordert die Allgemeine Verwaltung (Oberpräsidien und Regierungen): Was kann hier gespart werden? Kann man, wie vorgeschlagen wurde, die Instanz der Regierungen ganz entbehren? Alle alten Fragen der Verwaltungsreform erheben sich. Darüber hinaus aber muß eingeschränkt werden, auf dem Etat der Handels- und Gewerbeverwaltung so gut wie dem der Justiz, der landwirtschaftlichen und der Kultusverwaltung. Die letztere erfordert etwa $^1/_3$ des gesamten Staatszuschußbedarfes: wo liegt die Grenze, bis zu welcher an der Erziehung der Jugend aus Geldnot gespart werden kann?

So manche bittere Entscheidung wird gefällt werden müssen. Nur dann wird sie ertragen werden, wenn das Volk fühlt, daß hier nicht zufällige Rotstiftstriche, sondern mit tiefem Ernst gefaßte schwere Entschlüsse wirkten.

Dazu aber mußte Titel für Titel in der beschriebenen Weise durchleuchtet werden. Nur auf solchen genauen Unterlagen ist es möglich, der Wirklichkeit einigermaßen nahe zu kommen. Oberflächlich aufgestellte Goldetats nützen uns kaum mehr als die letzten Papieretats. Nur so lassen sich auch Färbungen der

Ressorts erkennen, die vielleicht durch zu hoch veranschlagte Einnahmen ihren Zuschußbedarf künstlich niedrig zu halten suchen. So kamen im Ist 1922 von den Binnenmarkansätzen der Reichspost nur 26 vH. und der Reichseisenbahn nur 43 vH. ein.

Was wir hier am Beispiel Preußens ausführten, gilt für alle deutschen Länder und Gemeinden. Sie alle können weder Einnahmen noch Ausgaben veranschlagen. Das Überweisungssystem verbietet das erstere. Die Ausgabenkreise aber sind völlig verwirrt. Früher spielten z. B. die Schulausgaben in den Gemeindeetats die entscheidende Rolle. Heute trägt der Staat, statt früher $^1/_4$, $^3/_4$ der Lehrerbesoldungen; das Reich aber zahlt von allen Besoldungen 75 vH. Solange diese und andere Verstrickungen nicht gelöst sind, kann keine Gemeinde etatisieren.

Die Abschlußzahlen der Goldetats mögen in Staat und Gemeinden verschieden groß sein; das Gleichgewicht zwischen Einnahmen und Ausgaben wird sich überall gleich schwer herstellen lassen. Fehlbetragsetats aber können wir nicht brauchen. Darum werden wir auch den Fragen des außerordentlichen Haushalts größte Aufmerksamkeit schenken müssen, damit dort nicht der Fehlbetrag des ordentlichen als „Anleihebedarf“ erscheine. Solange Anleihen nicht möglich sind, werden werbende Anlagen aus Anleihemitteln zu unterbleiben haben.

Wenn die berufenen Leiter des deutschen Finanzwesens in Reich, Ländern und Gemeinden derart versuchen, nach einheitlichen Grundsätzen zu klaren Etats zu gelangen, so wird ein wesentlicher Schritt getan sein. Die Parlamente werden ihnen dabei kritisch behilflich sein. Ihr Ausgabebewilligungsrecht werden sie zurückstellen müssen: wann sollen die Goldetats fertig sein, wenn wir zuvor sämtliche finanziellen Fragen diskutieren wollen? Spiegeln sich doch alle Aufgaben der Verwaltung im Etat.

Wie aber soll nach diesen Plänen gearbeitet werden?

7. Richtetat und Richtzahl.

Die Ausgaben werden sich im Rahmen der in diesen Goldetats bewilligten Grenzen halten müssen. Wir sahen, wie die Fondskontrolle unter der Papiermarkherrschaft zusammenbrach. Es muß darum ein Weg gefunden werden, sie wieder aufzurichten und aufrechtzuerhalten. Leider werden die Einnahmen der Goldetats nur sehr unsicher erschätzt werden können.

Darum wird die Finanzverwaltung auch die Ausgaben in der Hand behalten müssen.

In Wien hat man mit wöchentlichen Abschlüssen sämtlicher österreichischen Kassen gearbeitet. Sie lagen am Montag dem Sparkommissar vor, so daß er sofort Einschränkungsbefehle geben konnte. Auch in den deutschen Gemeinden und kleineren Ländern wird man Ausgaben und Einnahmen wöchentlich prüfen und unmittelbare, ins Einzelne gehende Anweisungen erteilen können. Den größeren Ländern wie auch dem Reich ist dieser Weg verschlossen. Eine große, weitverzweigte Verwaltung läßt sich nicht derart übersehen, daß die Zentrale bei allen Ausgaben mitwirken kann. Das heutige Österreich umfaßt nur sechs Millionen Einwohner, also weniger als die preußische Rheinprovinz.

Wenn in den größeren Ländern die Einnahmen hinter den Anschlägen zurückbleiben, könnte man versuchen, die Ansätze des Etats zu verkleinern, indem nur ein gewisser Bruchteil davon als zulässig erklärt wird. Verwaltungsmäßig aber ergeben sich hier erhebliche Schwierigkeiten, da die Fonds der einzelnen Titel aufgeteilt werden und an verschiedenen Stellen erscheinen. Sie alle müßten bei Änderungen der Etatsansätze in ihren Kontrollen die Ansätze wie auch die Reste verändern. Das aber würde in die Buch- wie Kassenführung ein unerfreuliches Unsicherheitsmoment bringen.

Wir möchten empfehlen, die einmal bewilligten Fonds in ihrer etatsmäßigen Höhe nicht zu verändern. Es ist daher auch die Frage, ob die Richtetats auf Gold- oder Rentenmark oder, wie wir vorschlagen möchten, auf Binnenmark abgestellt werden sollen. Im Augenblick mag diese Frage vielleicht ein mehr platonisches Interesse haben. Sie kann aber wieder Bedeutung gewinnen.

Hält man die Etatsansätze fest, so kann die Finanzverwaltung auf einer sicheren Unterlage arbeiten. Wenn es sich dann zeigt, daß die Einnahmen mit den erwarteten nicht Schritt halten, so könnte man auf die verausgabten Beträge Zuschläge legen; dann schmilzt der Etatsfonds zusammen und es wird gespart werden müssen.

Wir nehmen als Beispiel einen Fonds von 12000 M. an. Im April und Mai werden je 1000 M. verausgabt. Von dem Etatsfonds sind dann 2×1000 M. abzusetzen, so daß für die weiteren zehn Monate je 1000 M. verfügbar bleiben. Die Finanzverwaltung bremst und gibt die Richtzahl 2,0 heraus. Es sind also für jeden Monat 2000 M. abzusetzen. Statt 10 000 M. im Jahr, oder 1000 M. im Monat, dürfen nur noch 12 000 — 4000 M. = 8000 M., oder 800 M. monatlich, verausgabt werden. Auf der ganzen Linie wird also gespart werden müssen, auch ohne daß die Finanzverwaltung den Behörden Einzelvorschriften macht.

Bei stabilen Währungsverhältnissen wird man die geleisteten Ausgaben derart unschwer vom Goldwert des bewilligten Fonds absetzen können. Wie aber, wenn eine neue Geldentwertungsperiode einsetzt? Aus kassentechnischen Gründen lassen sich die Papierbeträge nicht täglich umrechnen; es ist auch zwecklos, solange nicht jeder Papierbetrag sofort verausgabt oder wertbeständig angelegt werden kann; dazu aber hat wohl ein konzentriertes Industrieunternehmen, nicht aber die Staatsverwaltung mit ihren unzähligen Kassen die Möglichkeit. Steigt die Teuerung in dem Tempo der zweiten Hälfte des vorigen Jahres, so gibt es überhaupt keine Finanzverwaltung mehr. Sinkt die Währung monatlich um 30—40 vH., so genügt die monatliche Umrechnung der verausgabten wie vereinnahmten Beträge, um der Finanzverwaltung ein klares Bild ihrer Lage zu geben.

Als Notbehelf möchten wir für diesen Fall vorschlagen, daß die Finanzverwaltung als monatliche Umrechnungsfaktoren, durch welche die Papierausgaben umzurechnen sind, nicht die tatsächlichen Teuerungszahlen, sondern auch hier Richtzahlen festsetzt. Hält sie die Richtzahl unterhalb der Teuerung, weil die Einnahmen nicht mitgingen, so wächst der Goldwert der Ausgaben; der Goldfonds schmilzt also zusammen, und es wird auch hier gespart werden müssen. Fließen die Einnahmen gut, so kann sie als Richtzahl die tatsächliche Teuerung (Ernährungskostenindex) herausgeben.

Bei sächlichen Fonds wird dieser Weg gangbar sein. Müssen aber nicht auch die persönlichen Fonds eingeschränkt werden?

8. Ausblick.

Erst aus den Entwürfen der Goldetats wird sich ersehen lassen, in welchem Maße und an welchen Stellen auch persönliche Ausgaben eingeschränkt werden müssen. Werden sächliche Ausgaben »abgedrosselt« (Bauten usw.), so verschwindet damit der Daseinszweck der sie verwaltenden Behörden und Beamten. Mit dem gleichmäßigen schematischen Abbau wird man den Anforderungen der Verwaltung darum kaum gerecht, mag er auch politisch und sachlich bequemer sein.

Gewiß entlastet ein Beamtenabbau den Etat nur teilweise, da die Pensionen um einen Teil der persönlichen Ausgaben vermehrt werden. Was unmittelbar erspart wird, ist neben den sächlichen Kosten (Papier, Heizung, Beleuchtung usw.) die Arbeit, welche die anderen Beamten machen; je größer der Arbeitskreis eines Beamten ist, desto mehr Geschäfte kann er gleichsam »in sich« erledigen; mit der Zahl der Beamten wächst die Notwendigkeit, andere Referenten durch Besprechungen oder Mitzeichnung zu beteiligen.

Der Abbau muß zur Reform, auf deutsch zur Rückbildung werden. Die Verwaltung wird sich auf einfachste Arbeit umstellen müssen. Gerade darum kann sie nicht auf die Hilfe der verwaltungserfahrenen Kräfte verzichten, wenn sie trotz äußerer Frische zufällig 60 Jahre alt geworden sind. Sie wird aber auch nicht nur junge Kräfte ausschalten dürfen, denn sie braucht sie für die mannigfachen neuen Probleme. Hier den Mittelweg zu finden, wird nicht leicht sein. Sie wird nur von ganzen Männern geleistet werden können, die neben eingehender Sachkenntnis auch den Mut des Entschlusses haben.

Das Erzbergersche System der zentralistischen Reichsfinanzverwaltung brach zusammen und riß die gesamte deutsche Finanzwirtschaft mit sich hinunter. Aber auch die übrige Hoheitsverwaltung wurde völlig verwirrt. Die alten klaren Grenzen zwischen Reich, Bundesstaaten und Gemeinden verwischten sich. Das mußte dazu führen, daß dieselbe Arbeit auf Kosten der Steuerzahler mehrfach geleistet wurde.

Die Länder erfüllen noch heute die Grundaufgaben jeder Staatsverwaltung: innere Verwaltung, Rechtspflege, Schulwesen. Diese in Reichsverwaltung zu nehmen, hat bisher der unitaristischste Zentralist nicht vorzuschlagen gewagt. Die Erfahrungen mit der Reichsfinanzverwaltung werden völlig ernüchternd wirken.

Ein alter Grundsatz der einstigen bundesstaatlichen Verwaltung war, daß eine Zentralbehörde nicht größer werden darf, als es die Arbeitskraft eines eingearbeiteten und tätigen Ministers zuläßt. Darum unterstand z. B. die preußische Verwaltung der direkten Steuern einem besonderen Direktor, nicht aber dem Finanzminister persönlich. Ebenso wurden Lotterie, Münze, Preußenkasse wohl als nachgeordnete Behörden, nicht aber als Teile des Finanzministeriums betrachtet. Dadurch blieb der preußische Finanzminister tatsächlich Leiter seiner Behörde und vermied die Gefahren, denen jeder heutige Reichsfinanzminister bei seinem Aufgabenkreis und den 120733 Köpfen seiner Verwaltung erliegen muß.

Jede Zentralbehörde neigt dazu, sich zu übernehmen. Der Referent wird seine Daseinsberechtigung dadurch nachzuweisen suchen, daß er die Vorschläge der Provinzialinstanz durch „bessere" ersetzt. Die neuen Reichsbehörden sind dieser Gefahr besonders ausgesetzt gewesen. Sie entstanden, als noch die Psychose übergroßer und alles regelnder Kriegsämter wirkte. Andererseits hatte die Reichsverwaltung früher keinen Unterbau, d. h. keine Provinzial- und Lokalbehörden; die Reichsämter waren in den 70er Jahren nur vom Reichskanzleramt abgezweigt worden, um es zu entlasten. Das Fehlen von Provinzial- und vor allem Lokalbehörden, die allein mit dem Volke engere Fühlung halten können, hat z. B. dazu geführt, daß das Reichsamt des Innern trotz seiner vielfachen nachgeordneten Stellen für das Volksempfinden immer etwas Fremdes behielt; den preußischen Innenminister mit seiner inneren und Polizeiverwaltung spürte man ganz anders. Diese Wasserkopfzentralen des Reiches werden leistungsfähiger sein, wenn die leerlaufenden Räder nicht mehr die andern hemmen. Eine normale Verwaltung zu verkleinern, ist sehr viel schwieriger. Darum ist ein Abbau in Ländern und Gemeinden nur als Verwaltungsreform durchzuführen.

Schließlich hat das Reich eine Reihe von Aufgaben übernommen, die man früher nicht als Staatsaufgaben ansah, weil man ihre Unlösbarkeit erkannt hatte. Preußen hat kein Ministerium für die Preise gehabt (Reichswirtschaftsministerium) und keines für die Löhne (Reichsarbeitsministerium). Es hat den naturnotwendigen Gegensatz von Industrie und Landwirtschaft[1]), den

[1]) Der Reichsernährungsminister hat sich langsam zu einem Reichslandwirtschaftsminister entwickelt; auch ihm aber fehlt der verwaltungsmäßige Unterbau, der zu einer tatsächlichen landwirtschaftlichen Verwaltung nötig ist.

der Reichswirtschaftsminister in sich ausgleichen muß, äußerlich anerkannt: die Verwaltung von Handel und Gewerbe und der Landwirtschaft waren getrennt. Der Handelsminister sollte nicht preisregulierend, sondern vornehmlich erzieherisch tätig sein und durch Handels- und Gewerbeschulen für tüchtigen Nachwuchs sorgen. Der Landwirtschaftsminister aber konnte sich auf ein Reichstagswort Bismarcks berufen: »Einen Reichskanzler und Ministerpräsidenten, der sich für die Landwirtschaft nicht interessiert, den müßten Sie sofort verjagen; den kann das Land nicht brauchen.«

Wir werden wieder zwei Begriffe scheiden müssen: die Idee eines Deutschen Reiches, die unauslöschlich in unser aller Herzen wurzelt, und die Frage der technischen Reichsverwaltung, der Reichsbehörden. Das Reich hat Jahrzehnte hindurch bestanden, ohne daß die Reichsämter einen verwaltungsmäßigen Unterbau hatten. Zu welchen unendlichen Reibungen der Versuch führt, die freundschaftliche Mitwirkung der Bundesstaaten durch reichseigene Verwaltungsbehörden zu ersetzen, wird heute niemand mehr übersehen können. So manches schien uns im Eifer des revolutionären Dilettantismus nötig und möglich: die alte Verwaltungserfahrung, die sich seit Jahrhunderten mit diesen Fragen herumgeschlagen hat, behielt mit ihren Bedenken aber doch recht.

In den Finanzen spiegelt sich die Verwaltung. Schlechte Finanzen zeigen schlechte Verwaltung. »Politische Unruhen vergehen; Aufstand und Volksauflauf stärken die Regierung: anders aber wirkt die Unzufriedenheit mit den Staatsfinanzen; führen Steuerdruck und Arbeitslosigkeit zum Aufruhr, so wird es gefährlich.« Ob wir die Wahrheit dieser Beobachtung von Lord Beaconsfield (Disraeli) an uns erfahren werden?

Mehr als die Grundaufgaben der öffentlichen Verwaltung können wir als armes Volk nicht bezahlen. Reich, Länder und Gemeinden werden sie wieder klar unter sich verteilen müssen, sonst können sie auch ihre Finanzen nicht ordnen. Solange das Reich jedem neuen Gesetz, das Ländern oder Gemeinden Arbeit brachte, einen Scheck auf die Notenpresse beilegen konnte, haben diese sich nicht gesträubt. Eine arme Reichsregierung wird weniger willige Hände finden.

Diese Verwaltungsreform wird zum Abbau führen müssen. Soll er sich finanziell auswirken, werden 500 000 bis 600 000 Personen aus dem Staatsdienste auszuscheiden haben. Wir werden uns hier vor zu weitgehender Sentimentalität hüten müssen. Ein sehr großer Teil dieser Kräfte stammt aus andern Berufen: sie sind erst in den letzten Jahren Beamte geworden. Es gibt Millionen deutscher Männer, welche noch nie ein festes Dienstverhältnis gehabt haben, trotzdem auch sie Frau und Kinder daheim haben. Wer je unter kleinen Leute lebte, weiß, wie sie sich durch das Leben kämpfen müssen. Heute sind wir alle kleine Leute. Hinter uns allen steht die Hungerpeitsche, »Weil wir sterben müssen, sollen wir tapfer sein« (Stein).

Wenn Staatsaufträge ausbleiben, so bedeutet das für den Kaufmann oder Fabrikanten, der bisher davon lebte, den gleichen Schlag wie für den Beamten der Ausfall seines Gehaltes. Beide Teile werden sich andere Arbeit suchen müssen. Mögen auch dunkle Wolken vor der Zukunft hängen: wo ein Wille ist, da ist auch ein Weg. Das klare Bewußtsein wird uns zu leiten haben, daß gute Finanzpolitik im Augenblick die beste Sozialpolitik ist; denn machte nicht die Notenpresse das Geld wirklich, wie Mirabeau einst sagte, zur »umlaufenden Pest«, die alles ansteckt, was sie berührt?

Ob auch die Finanzen anderer Länder schlecht und schlechter werden und ihr Zusammenbruch dem unsern folge, darf uns nicht kümmern. Wir können nicht warten, sondern müssen unsern Weg suchen. »Man handle mutig und kräftig, unerschütterlich gegen das Geschrei der Intriganten, die herrschen wollen, der Egoisten, die nicht zahlen wollen, der Schafsköpfe, die ihre Stellen nicht verlieren wollen«, so rief einst mit der ihm eigenen ehrlichen Schärfe der Freiherr vom Stein.

Ernst Siegfried Mittler und Sohn, Buchdruckerei G. m. b. H., Berlin SW 68, Kochstr. 68—71.

GPSR Compliance

The European Union's (EU) General Product Safety Regulation (GPSR) is a set of rules that requires consumer products to be safe and our obligations to ensure this.

If you have any concerns about our products, you can contact us on ProductSafety@springernature.com

In case Publisher is established outside the EU, the EU authorized representative is:

Springer Nature Customer Service Center GmbH
Europaplatz 3
69115 Heidelberg, Germany

Batch number: 10844675

Printed by Printforce, the Netherlands